Auf der Suche nach dem Geheimnis des Lebens

Stephanie Maharaj

spirit Rainbow Verlag

ISBN 3-929046-90-3
Alle Rechte bei der Autorin.
Nachdruck - auch auszugsweise - nicht gestattet.
Der Verlag übernimmt keine Haftung für den Inhalt des Buches.
Buchblocklayout: Andrea Vollath, Aachen
Coverbild und Illustrationen: Christian Deutschmann, München
E-Mail: deutsch-mann@t-online.de
Coverdesign: Computer-Artwork, Hermann R. Lehner
http://www.drvolldaneben.de
Herstellung:
Books on Demand GmbH, Norderstedt
Erstausgabe: November 2003

spirit Rainbow Verlag
Inh. Gudrun Anders
Forsterstraße 75, 52080 Aachen
Telefon und Fax: 02 41 / 70 14 721
E-Mail: rainbowverlag@aol.com
Homepage: www.spirit-rainbow-verlag.de

Inhaltsverzeichnis

Moana und Liz	5
Die kleine Elfe	11
Odelin, der Erdeling	18
Begegnung mit dem Herr der Wälder	27
Die Wasserfee	36
Der Käfer	47
Der Feuervogel	50
Eine schlechte Nachricht	56
Vater Wind	66
Die Schurken	74
Die Versammlung der Waldbewohner	81
Der Diebstahl	86
Der geheime Ort	92
Das Geheimnis des Lebens	100
Auf dem Heimweg	111
Nachwort	113
Autorenportrait	115
Aus dem weiteren Verlagsprogramm	116

*Für meine Tochter Yumina Moana
und meinen Lehrer Leonard Orr,
ohne die das Buch nicht entstanden wäre.*

Moana und Liz

Das ist die Geschichte von Moana und Liz und einem wunderlichen Abenteuer, das die Beiden zusammen erlebt haben. Wenn man diese Geschichte hört, könnte man meinen, es sei ein Märchen. Doch wer weiß? Vielleicht ist doch etwas Wahres dran?

Erst einmal möchte ich euch die Beiden vorstellen:

Moana ist ein nettes, ganz normales Mädchen, das manchmal gern in die Schule geht und manchmal nicht. Sie ist 9 Jahre alt, hat kluge blaue Augen und einen dichten hellbraunen Haarschopf, der meistens in einem Pferdeschwanz gebändigt wird.

Liz ist Moanas Freundin. Sie ist schon erwachsen und wohnt im Wald in einem kleinen Holzhaus. Die Leute im Dorf sagen, Liz sei ein bisschen komisch. Aber Moana findet das nicht. Im Gegenteil. Sie mag Liz sehr. Liz kann so tolle Geschichten erzählen. Sie weiß so viel über die Welt und das Leben. Und Liz ist auch viel fröhlicher als andere Leute, die Moana kennt. Moana fühlt sich einfach richtig wohl bei ihr.

Zuerst wollte ihre Mutter nicht, dass Moana allein zu Liz in den Wald geht. Es war ihr nicht geheuer. Aber dann lernte sie Liz kennen. Moana überredete sie, mit zu Liz Hütte zu kommen. Die beiden Frauen verstanden sich gut und unterhielten sich lange. Moana wusste gleich, dass ihre Mutter Liz auch mögen würde. Seither darf Moana Liz besuchen, wann immer sie will. Und das will sie gerne und oft.

Der Tag, an dem diese Geschichte begann, war ein ganz besonderer Tag. An diesem Tag wollten Moana und Liz zusammen einen Ausflug machen. Es könnte länger dauern, hatte Liz gesagt. Moana sollte Bescheid geben, dass sie über Nacht wegbleiben würde. Mehr hatte sie nicht verraten. Moana war sehr gespannt.

Sie hopste fröhlich über die Wiese. Ihr roter Rucksack hüpfte im Takt auf ihrem Rücken hin und her. Er war voll gepackt mit allen wichtigen Dingen, die man für einen Abenteuerausflug braucht: Eine Tafel Schokolade, einen Apfel, eine Flasche Saft, eine Taschenlampe, ein Taschenmesser, eine Schnur und eine Decke.

Als sie den Wald erreicht hatte, bog sie in einen kleinen Pfad ein. Nun war es nicht mehr weit. Da vorne, hinter der großen Eiche, konnte sie schon Liz' Haus erkennen. Rauch stieg aus dem Kamin. Liz hat fast immer ein Feuer brennen, auch im Sommer. Sie sagt, am Feuer sitzen täte ihr gut. Moana genießt es sehr, mit Liz zusammen vor dem Kamin zu sitzen und Liz' Geschichten zuzuhören oder mit ihr zusammen Bücher zu lesen oder ihr bei der Arbeit zuzusehen.

Als Moana das Haus erreicht hatte, stieg ihr der vertraute Geruch von brennendem Holz in die Nase. Sie sprang die Treppe hinauf und klopfte stürmisch an die Tür. „Komm rein! Die Tür ist offen!" hörte sie Liz' Stimme von drinnen rufen.

Moana drückte die Klinke und ging hinein.

Liz stand am Tisch, der voll gepackt war mit allerlei Essbarem.

Sie lächelte Moana zu und sagte: „Guten Morgen. Ich hoffe, du hast gut ausgeschlafen. Wir haben viel vor."

„Ich bin so neugierig, wo wir hingehen. Sagst du mir jetzt, was wir vorhaben?"

„Ein bisschen musst du dich noch gedulden. Es ist eine Überraschung. Mach's dir noch einen Moment gemütlich. Ich möchte nur noch ein paar Sachen zusammenpacken. Gleich bin ich soweit."

Moana seufzte und ließ sich in den Sessel vor dem Kamin fallen. Eine Weile beobachtete sie, wie die Flammen an den halb verbrannten Holzscheiten nagten, dann ließ sie den Blick durch den Raum gleiten. An der Wand gegenüber stand ein großes Regal, das mit Büchern voll gestopft war.

Rechts, auf der anderen Seite des Raumes, war ein großes Fenster. Auf dem Fensterbrett standen viele große und kleine Blumentöpfe mit Kräutern und bunten Blumen. Vor dem Fenster stand ein alter, stabiler Holztisch mit ein paar Stühlen drum herum.

Liz stand vor ihrem braunen Lederrucksack, den sie auf den Tisch gestellt hatte, und überlegte sichtlich, was einzupacken war. Ein paar schwarze Haarsträhnen kräuselten sich widerspenstig über ihrer Stirn. Liz war etwa so alt wie Moanas Mutter, aber sie wirkte viel jünger.

Moanas Blick wanderte weiter und blieb an einem Bild hängen, das neben dem Fenster hing. Es war das Bild von einem jungen Mann mit langen schwarzen Haaren, freundlichen dunklen Augen und einem hellen Lichtring um den Kopf. Moana betrachtete ihn eine Weile nachdenklich, dann fragte sie: „Liz, warum ist denn dein Jesus eigentlich dunkel und hat schwarze Haare?"

„Warum sollte er nicht dunkel sein?" fragte Liz zurück.

„Der Jesus bei uns in der Kirche ist hell und hat blonde Haare", antwortete Moana.

„Ach so. - Ach, weißt du, eigentlich weiß niemand genau, wie Jesus ausgesehen hat. Aber in dem Land, in dem er geboren wurde, waren alle Menschen dunkel. Es ist also recht unwahrscheinlich, dass ausgerechnet Jesus blond und hellhäutig war."

„Hm. Warum wird er dann so oft hell gemalt?" fragte Moana weiter.

„Ich denke, die Menschen stellen ihn sich am liebsten so vor, wie sie selbst aussehen, damit er ihnen nicht so fremd vorkommt", antwortete Liz. Sie stopfte noch eine Wolldecke in ihren Rucksack und sagte: „So, das wär's. Jetzt kann es losgehen." Sie ging zum Kamin und löschte das Feuer sorgfältig.

Moana war schon vom Sessel aufgesprungen und rannte zur Tür. Es war ihr schwergefallen, geduldig zu warten. Sie war schrecklich neugierig, wo Liz sie hinführen würde. „Wo gehen wir hin? Sag doch endlich!"

„Erstmal raus hier", antwortete Liz. Moana riss die Tür auf und hüpfte hinaus. „Hier entlang", sagte Liz und wies auf einen hellen Pfad, der weiter in den Wald hinein führte. Moana lief in die angewiesene Richtung, drehte sich dann zu Liz um, die ihr mit festen Schritten folgte und rief: „Wann darf ich endlich wissen, wo wir hingehen?" - „Wenn wir da sind."

Moana seufzte enttäuscht. „Wann sind wir da?" fragte sie. „Es ist nicht sehr weit. Gedulde dich. Du wirst es schon rechtzeitig erfahren."

Eine ganze Weile liefen sie in den Wald hinein. Es war ein warmer Sommertag. Die Sonnenstrahlen spielten auf den Blättern der hohen Laubbäume und durchfluteten den Wald mit einem warmen Licht. In der Luft lag ein köstlicher Duft nach Waldboden und Pilzen. Liz atmete tief ein und blickte nach oben in die Baumkronen. „Ist das nicht ein wunderbarer Tag für einen Ausflug?" sagte sie lächelnd.

„Ja, wunderbar", erwiderte Moana, die aufgeregt neben ihr her hopste, immer wieder vor rannte, um dann wieder zu Liz zurück zu laufen. Auf diese Weise würde sie sicher die doppelte Strecke zurücklegen. Sonst, wenn sie einen Spaziergang durch den Wald machten, blieben sie oft stehen, sammelten je nach Jahreszeit, Pilze, Beeren, Brennholz oder Kräuter, aus denen Liz Tees braute, die für alle möglichen Sachen gut waren. Aber heute war Moana viel zu aufgeregt, um sich nach leckeren oder nützlichen Gewächsen umzusehen.

Schließlich kamen sie an eine Felswand, die hoch aufragte. Der Pfad teilte sich. Richtung Osten ging er tiefer in den Wald, Richtung Süden führte er an der Felswand entlang. Liz schlug den Weg nach Süden ein.

„Jetzt sind wir fast da", sagte sie aufmunternd. „Komm, hier entlang." Moana folgte ihr. Nach ein paar Minuten gelangten sie an eine Felsspalte. Moana wäre sie gar nicht aufgefallen, denn sie war von Brombeersträuchern verdeckt. Erst als Liz die Zweige sorgsam mit den Armen teilte, war die Spalte zu sehen.

„Wo geht's denn da hin?" fragte Moana erstaunt. „Genau das werden wir jetzt gemeinsam erkunden", antwortete Liz. „Ach, ist das die Überraschung?" „Genau, das ist sie. Oder, besser gesagt, dahinter. Ich habe diese Felsspalte erst vor kurzem entdeckt, als ich Brombeeren gesammelt habe." Sie deutete auf den Felsspalt. „Da müssen wir jetzt erstmal durch."

Moana ging vor. Sie schlängelte sich durch die Büsche und begann, durch den Spalt zu schlüpfen. Es war ein schmaler Weg, zwischen zwei riesigen Felsblöcken hindurch, so schmal, dass ein Mensch gerade eben hindurch passte. Moana lief voran, Liz folgte dicht hinter ihr. Es war schattig und angenehm kühl in diesem Felsgang. Zunächst machte er eine leichte Biegung, so dass Moana nicht sehen konnte, wo der Pfad hinführte, doch schon nach ein paar Metern öffnete sich die Felswand.

Sie traten aus dem Felsweg heraus und standen auf einer wunderschönen Lichtung, die von einem dichten Wald umgeben war. Drei Rehe grasten friedlich auf der Wiese und blickten auf, als sie Liz und Moana kommen hörten. Eine Weile sahen sie sich an. Moana hielt die Luft an und erwartete, dass die Rehe jeden Moment aufschrecken und im Wald verschwinden würden. Aber das taten sie nicht. Als hätten sie sich vergewissert, dass von den beiden Menschen keine Gefahr drohte, senkten sie wieder ihre Köpfe und ästen weiter. Moana traute ihren Augen nicht. „Hast du das gesehen? Die haben ja gar keine Angst!" raunte sie Liz zu.

„Anscheinend gibt es hier nichts, wovor sie Angst haben müssten. Das hier ist ein ganz besonderer Wald. Ein Zauberwald!"

„Ein Zauberwald?" fragte Moana aufgeregt.

Sie wollte Liz mit Fragen überschütten, aber dann dachte sie an die Rehe und hielt ein. Sie wollte sie nicht verscheuchen. Vielleicht bekamen sie doch Angst, wenn sie Stimmen hörten.

„Ja, ich glaube, es ist ein Zauberwald. Ich war einmal hier und habe erstaunliche Dinge gesehen. Aber es war schon Abend und wurde dunkel, so dass ich nicht viel Zeit hatte mich umzusehen. Dann habe ich mir gedacht, dass wir beide den Wald zusammen erkunden sollten." Sie sog den süßen Duft der Wiesenblumen ein und fügte hinzu: „Komm, lass uns auf Entdeckungsreise gehen."

Moana griff nach Liz' Hand. Ein Zauberwald! Das klang sehr aufregend, aber auch ein bisschen unheimlich. Jetzt blieb sie lieber an Liz' Seite. Sie überquerten die Lichtung und gingen an den Rehen vorbei. Moana blieb einen Moment fasziniert stehen und sah ihnen beim Fressen zu. Sie hatte noch nie Rehe von so nah gesehen. Sie konnte sie sogar riechen. Die Sonne schien warm auf ihr glänzendes braunes Fell. Die kleinen Schwänze wedelten die Fliegen weg und auch die Ohren waren immerzu in Bewegung. Moana sah glücklich zu Liz auf.

Obwohl die Rehe keine Angst zeigten, wagte Moana nicht, laut zu sprechen. Und so flüsterte sie nur: „Sind die nicht schön?" Liz nickte und lächelte.

Dann gingen sie weiter und tauchten in den Wald ein.

Die kleine Elfe

Moana und Liz sahen sich staunend um. Obwohl die Bäume dicht beieinander standen und die Sonnenstrahlen kaum den Waldboden erreichen konnten, schien der Wald auf wunderbare Weise zu leuchten. Der Duft der Bäume war hier noch intensiver und köstlicher als in dem Wald, den sie kannten. Die Luft war erfüllt von fröhlichem Vogelgezwitscher. In den Baumkronen wimmelte es von lustigem Leben. Kleine Pelztiere tummelten und jagten sich.

In einer Astgabel sah Moana einen Waschbären sitzen, der sich mit den Pfoten das Gesicht putzte.

„Was machen wir denn jetzt, Liz? Wo gehen wir denn jetzt hin?" fragte Moana. „Ich weiß es nicht genau. Wir lassen uns einfach überraschen", antwortete Liz. „Von wem denn?" fragte Moana erstaunt. „Hier ist doch niemand."

„Oh doch, hier ist jemand. Wart's nur ab." Moana wollte weiterfragen, doch da erreichten sie eine Weggabelung. Drei Wege führten in verschiedenen Richtungen. Wohin sie auch blickten, es war nichts anderes zu sehen als Wald.

„Na, was meinst du? Welchen Weg würdest du nehmen?"

Moana sah sich um. Wald, nichts als Wald.

„Woher soll ich das wissen? Ich weiß doch gar nicht, wohin die Wege führen. Weißt du es?"

„Nein. Ich kenne mich auch nicht aus. Das Beste ist wohl, wenn wir uns auf unser Gefühl verlassen."

„Was meinst du damit?" wollte Moana wissen.

„Na, wir nehmen einfach den Weg, der uns am besten gefällt", sagte Liz.

„Ich finde, sie sehen alle ziemlich gleich aus", meinte Moana.

„Lass sie uns noch einmal genau ansehen. Vielleicht fühlt sich einer doch anders an als der andere."

Moana war sich nicht ganz sicher, was Liz mit „sich besser anfühlen" meinte, aber sie stellte sich in die Mitte der Wegkreuzung und sah sich aufmerksam um. Der Weg zu ihrer Linken führte ein ganzes Stück gerade aus und machte dann eine Biegung nach links.

Hohe Nadelbäume standen zu beiden Seiten. Moana fiel nichts Besonderes auf.

Dann wandte sie sich dem mittleren Weg zu. Er führte immer gerade aus, soweit sie blicken konnte. Einige hundert Meter weiter stieg er langsam bergan. Laubbäume hatten sich zwischen die Nadelbäume gemischt. Ganz am Ende des Weges wurde es heller. Moana blickte lange zu diesem Lichtschein. Da hörte sie hinter sich ein Geräusch. Sie drehte sich um. Auch Liz folgte ihren Blicken.

Ein kleiner Hase hoppelte aus dem Gebüsch, huschte über die Wegkreuzung ohne die Beiden zu beachten, und bog in den mittleren Weg ein. Er hoppelte einige Meter am Waldrand entlang und verschwand dann seitlich zwischen den Sträuchern Moana blickte ihm lächelnd nach.

Dann wandte sie sich dem dritten Weg zu. Der schien nicht so hell zu sein, wie der mittlere, und Moana konnte auch sonst nichts Besonderes entdecken, was ihre Aufmerksamkeit geweckt hätte. Auch Liz hatte sich aufmerksam umgesehen.

„Was meinst du? Welcher gefällt dir am besten?" fragte sie.

„Ich würde den nehmen", sagte Moana und zeigte auf den mittleren Weg.

„Ja, der gefällt mir auch am besten. Also, lass uns gehen."

So machten sie sich auf den Weg. Als sie eine Weile gegangen waren, hörten sie Wasser plätschern. - Da, zu ihrer Linken sprudelte eine kleine Quelle unter einem Fels hervor und schlängelte sich als kleiner Bach weiter durch den Wald.

Moana und Liz blieben erstaunt stehen. Über der Quelle auf dem Felsblock hockte eine kleine zarte Gestalt. Sie hielt einen kleinen Holzbecher in den Händen und schöpfte damit Wasser aus der Quelle. Als sie den Becher zum Mund führte, um daraus zu trinken, erblickte sie Liz und Moana. Überrascht hielt sie in der Bewegung inne. Aus großen grünen Augen starrte sie die beiden an. Moana und Liz erwiderten den Blick mit gleichem Erstaunen.

Dieses kleine Wesen, das da auf dem Felsen hockte, war ein seltsamer Anblick. Es war klein wie ein Kind. Grünliches, lockiges Haar umrahmte das schmale, schöne Gesicht. Es trug ein hellgrünes, einfaches Gewand, das bis zu den Knien reichte. Moana zwinkerte. Irgendwie sah es fast so aus, als wäre dieses Wesen durchsichtig. Oder leuchtete es von innen?

    Liz fand als Erste ihre Sprache wieder. „Hallo!" sagte sie freundlich. „Wir sind zu Besuch hier. Ich bin Liz und das ist Moana", fuhr sie fort.

„Hallo", erwiderte das Wesen mit heller, klarer Stimme. Sie richtete sich auf und strich mit der Hand über ihr Gewand. „Bist du eine Fee?" platzte es aus Moana heraus, die das Wesen immer noch erstaunt anstarrte. „Nein, ich bin eine Waldelfe und heiße Lilu" antwortete sie. „Und was bist du?"

Moana war ausgesprochen überrascht von dieser Frage. „Ich bin ein Kind." sagte sie schließlich.

„Ach, ein Kind!" juchzte Lilu. „Das ist ja wunderbar! Wir wünschen uns so sehr, dass Kinder uns besuchen kommen." Jetzt sprang sie gewand vom Fels herunter und lief auf Moana und Liz zu. Sie bewegte sich geschmeidig wie eine Katze. Ihre Schritte waren gar nicht zu hören. Im Nu stand sie vor dem Mädchen, da genau so groß war wie sie selbst, und strahlte über das ganze Gesicht.

„Herzlich willkommen in unserem Wald." sagte sie und hielt Moana beide Hände hin. Moana reichte ihr die ihren. Lilus Hände fühlten sich zart und fest zugleich an. Gar nicht so durchsichtig wie sie aussahen. Auch Liz schenkte Lilu ein strahlendes lächeln und sagte noch einmal: „Herzlich willkommen ihr beiden!"

„Warum wünscht ihr euch denn, das euch Kinder besuchen?" wollte Moana wissen.

„Weil Kinder viel schneller lernen. Weil wir die Kinder brauchen, damit der Wunderwald wieder groß wird. Weil Kinder einfach besser verstehen…" antwortete Lilu.

„Aber wieso denn? Wie nennst du ihn - Wunderwald? - Wird er denn kleiner?" fragte Moana verwundert.

„Ja, er wird immer kleiner", erwiderte Lilu jetzt mit trauriger Stimme und ließ den Kopf hängen. Dicke Tränen kullerten plötzlich aus ihren Augen und fielen auf den Boden vor ihre nackten, schmalen Füße. Moana bekam einen Kloß in den Hals und sah verunsichert zu Liz auf. Liz schaute betroffen auf die weinende Lilu und legte ihr die Hand auf die Schulter. Sie wollte etwas sagen, aber da sprach Lilu schon weiter und sah dabei Moana und Liz traurig an. Ihre großen Augen glänzten vor Tränen.

„Früher war der Wunderwald riesig groß, und es gab viele, überall auf der Welt. Aber das ist schon sehr, sehr lange her. Länger als ich denken kann. Vor langer Zeit hat der Wunderwald angefangen zu schrumpfen und zu schrumpfen. Viele sind ganz verschwunden. Und wenn wir nicht bald Hilfe bekommen, wird dieser hier auch verschwinden", schluchzte sie und vergrub ihr Gesicht in den Händen. Ihr schlanker Körper schüttelte sich beim Weinen.

„Warum werden die Wunderwälder kleiner?" fragte Moana. Als Lilu sich etwas beruhigt hatte, antwortete sie: „Weil die Menschen das Geheimnis des Lebens vergessen haben."

„Das Geheimnis des Lebens?" fragte Liz.

„Ja, das Geheimnis des Lebens. Vor langer Zeit haben die Menschen davon gewusst. Dann haben sie irgendwann angefangen, es zu vergessen. Immer mehr Menschen haben es vergessen und heute wissen es nur noch wenige. Es gibt Menschen, die sich auf die Suche nach dem Geheimnis des Lebens machen, aber die kommen nur sehr langsam voran. Sie wollen, dass ihre Maschinen sprechen und suchen dort eine Antwort. Und sie glauben, sie müssten etwas Neues finden, dabei ist doch alles schon da. Sie müssten sich nur erinnern..."

Lilu seufzte. „Aber das kann lange dauern. Vielleicht zu lange." Wieder stieß sie einen tiefen Seufzer aus. Dann blickte sie Moana hoffnungsvoll an. „Aber ihr Kinder, - ihr könnt den Menschen das Geheimnis des Lebens wiederbringen!"

„Wie denn?" wollte Moana wissen.

„Ihr könnt euch schneller erinnern."

„Das verstehe ich nicht", sagte Moana und schüttelte den Kopf.

„Finde das Geheimnis des Lebens, dann wirst du es verstehen."

„Kannst du es mir denn nicht sagen?" fragte Moana

„Nein, das darf ich nicht. Es würde auch gar nichts nützen. Du musst es selbst finden, sonst ist es nicht wirklich wertvoll. Sonst funktioniert es auch nicht."

Moana verstand immer noch nicht. Wieder schaute sie zu Liz auf, doch ihre Freundin zuckte ratlos mit den Schultern.

„Was muss ich denn tun, um das Geheimnis des Lebens zu finden?" fragte Moana weiter.

„Folge einfach diesem Pfad und tu nur das, was sich gut anfühlt. Dann bist du auf dem richtigen Weg. Du wirst alles entdecken, was es für dich zu entdecken gibt. Vertraue und denk nur einfach fest daran, dass du das Geheimnis des Lebens findest. Das ist alles."

„Kann ich das Geheimnis des Lebens denn auch finden, obwohl ich kein Kind mehr bin?" wollte Liz wissen.

„Natürlich, bei großen Leuten dauert es nur länger. Und der Weg ist mühsamer. Die meisten Leute wollen sich die Mühe nicht machen oder sie sind einfach zu beschäftigt."

Nun ahnte Liz, was die kleine Elfe meinte. „Ich glaube, ich fange an zu verstehen...."

„Aber ich verstehe es immer noch nicht. Wieso hört der Wunderwald auf zu schrumpfen, wenn wir das Geheimnis des Lebens finden?" grübelte Moana.

„Es tut mir Leid. Mehr darf ich wirklich nicht sagen. Wenn du das Geheimnis des Lebens gefunden hast, wirst du alles verstehen. Jetzt muss ich gehen. Wir sehen uns wieder", sagte Lilu und wandte sich zum Gehen. Doch dann hielt sie plötzlich noch einmal inne: „Ich bin so glücklich, dass ihr hier seid!" rief sie aus. Dann sprang sie gewandt in den Wald. „Viel Glück!" rief sie von weitem, winkte noch einmal und verschwand zwischen den Bäumen. Es war als hätte sie sich in Luft aufgelöst.

Moana und Liz sahen sich an. Und Moana wurde traurig, dass Lilu so plötzlich verschwunden war. Sie hätte so gern mit ihr gespielt. Liz sah die Enttäuschung in Moanas Augen und sagte: „Schade, dass sie so plötzlich verschwunden ist." Moana nickte.

„Sie hat gesagt, wir sehen uns wieder. Bestimmt begegnen wir ihr noch einmal. Komm, lass uns weitergehen. Es kommt mir so vor, als hätten wir hier noch eine größere Aufgabe vor uns."

„Was für eine Aufgabe?"

„Na, das Geheimnis des Lebens finden."

„Meinst du, das ist schwierig?"

„Lilu hat gesagt, es sei nicht schwierig. Wir müssten uns nur erinnern."

„Das hört sich aber nicht einfach an. Wie soll ich mich an etwas erinnern, was mir nie jemand erzählt hat? Niemand hat mir je etwas von so einem Geheimnis erzählt. So etwas hätte ich doch bestimmt nicht vergessen", meinte Moana entrüstet.

„Ich glaube nicht, dass Lilu das so gemeint hat. Ich glaube, sie meint, dass das Geheimnis des Lebens in jedem drin steckt. Jeder kommt mit diesem Wissen auf die Welt. Es schläft sozusagen in dir drin. Bloß erinnern sich immer weniger Menschen daran. Die Eltern erinnern sich nicht mehr und können deshalb ihre Kinder nicht mehr daran erinnern.

Deshalb wird dieses Wissen nicht mehr geweckt und schlummert vergessen vor sich hin. Aber es ist da. Irgendwo in uns versteckt. Offensichtlich ist es jetzt an der Zeit, es wachzurütteln."

„Und was ist das für Wissen?"

„Genau das sollen wir ja herausfinden."

Moana seufzte. Das war alles ein bisschen verwirrend.

„Lass uns einfach losgehen und die Augen offen halten."

Sie nahmen einander bei der Hand und marschierten weiter den Weg entlang, immer geradeaus.

Odelin, der Erdeling

„Ich habe Hunger." sagte Moana. Sie waren schon eine ganze Weile schweigend den Waldweg entlang gewandert und hatten über die Begegnung mit der Elfe nachgedacht. Was hatten die geheimnisvollen Bemerkungen der Elfe zu bedeuten?

Doch jetzt knurrte Moana der Magen. Sie wollte ausruhen und etwas essen.

Sie setzten sich auf einen umgestürzten Baumstamm, der am Wegrand lag, nahmen ihre Rucksäcke ab und holten den Proviant heraus. Moana hatte nicht viel zu essen mitgenommen. Da waren nur der Apfel und die Schokolade. Gott sei Dank hatte Liz an alles gedacht. Sie holte ein dickes Paket mit Käsebroten aus ihrem Rucksack hervor, außerdem eine Tüte mit getrockneten Früchten und Nüssen und eine Flasche Wasser.

Sie ließen es sich schmecken und als der größte Hunger gestillt war, begann Moana sich im Wald genauer umzusehen. Der Wald war wirklich ein Wunder. Wohin sie auch sahen, alles schien in einem geheimnisvollen Licht zu erstrahlen, das nicht nur von der Sonne kommen konnte. Und je länger sie einen Baum ansah, desto schöner kam er ihr vor. In einem anderen Wald war ihr das noch nie so deutlich aufgefallen. Es war, als strahlten die Bäume von innen.

„Findest du nicht auch, dass die Bäume hier besonders schön sind?" fragte sie Liz.

Liz hatte sich inzwischen der Länge nach auf dem Waldboden ausgestreckt und blickte versonnen in die Baumkronen. „Ja, das ist wahr. Mir kommen die Bäume hier auch gesünder und schöner vor als anderswo. Als hätten sie eine ganz besondere Lebenskraft."

„Warum ist das so? Woher kommt das?" fragte Moana.

„Ich weiß es nicht", erwiderte Liz. "Der Wunderwald ist ein ganz besonderer Ort. Dessen bin ich mir sicher. - Vielleicht finden wir ja eine Antwort auf all diese Fragen. - Wie sieht's aus? Bist du satt und ausgeruht?"

Moana nickte.

„Gut. Dann lass uns weitergehen." sagte Liz und stand auf.

Sie verstauten alles, was sie nicht gegessen hatten, wieder im Rucksack und achteten darauf, dass nichts liegen blieb.

Als Liz den Rucksack zuschnürte, horchte sie plötzlich auf. „Hast du das gehört?" fragte sie.

„Nein, was denn?" wollte Moana wissen.

„Hör mal! Hörst du nichts?"

Sie lauschten. Doch, jetzt hörte Moana es auch. Da war ein Geräusch. Es klang sonderbar. Wie das Rumpeln einer Wassermühle.

Sie sahen sich um. Links von ihnen war ein Hang, der ziemlich steil bergauf führte. Aus dieser Richtung schien das Geräusch zu kommen. „Komm, lass uns nachsehen", sagte Liz und lief auf den Hügel zu. Moana lief hinter ihr her. Dem Geräusch folgend gingen sie eine Weile am Fuß des Hügels entlang, bis sie vor einem großen Felsen standen. Sie gingen um den Fels herum und vor ihnen lag der Eingang zu einer Höhle. Daher kamen deutlich vernehmbar das Rumpeln und noch ein Geräusch – es hörte sich an wie Wasserrauschen.

„Komm, lass uns nachsehen, was da ist", meinte Liz. Moana zögerte. „Und wenn es etwas gefährliches ist?"

„Ich glaube nicht, dass es gefährlich ist. Aber wir können ja auf jeden Fall vorsichtig sein. Wenn es uns zu unheimlich wird, dann gehen wir eben wieder raus."

„Warte, ich hole meine Taschenlampe aus dem Rucksack. Die können wir da drin bestimmt gut gebrauchen."

Als Moana die Lampe hervor gekramt hatte, gab sie sie an Liz weiter. Sie wollte nicht vorgehen. Dann griff sie nach Liz' Hand und ging mit ihr zusammen durch den Höhleneingang. Zuerst sah es so aus, als sei es eine große natürliche Höhle. Langsam tasteten sie sich vorwärts. Moana blieb dicht neben Liz. Da waren immer noch diese Geräusche. Sie hörten sich nicht wirklich bedrohlich an, aber weil sie nicht wusste, was dahinter steckte, war ihr das Ganze doch ein bisschen unheimlich.

Moana hielt Liz ganz fest. Das Tageslicht erhellte den vorderen Teil der Höhle. Weiter hinten wurde sie schmaler und dunkler, und formte sich zu einem Gang der sachte abwärts führte. Wände und Boden waren plötzlich glatt, wie gegossen. Die Decke wölbte sich viele Meter über ihnen. Ihre Schritte hallten laut durch den Gang. Sie sahen sich staunend um. Liz tastete mit beiden Händen die Wand entlang.

„Das ist ja erstaunlich!" murmelte sie.

„Wieso? Was ist denn daran so ungewöhnlich?" fragte Moana.

„Guck dir doch mal die Wände an. Das sieht nicht aus wie eine natürliche Höhle. Dieser Gang sieht aus als hätte ihn jemand gemacht."

Sie folgten dem Gang weiter ins Erdinnere. Der Höhleneingang war nicht mehr zu sehen. Die Taschenlampe warf ihren Schein voraus, doch weiter hinten, etwa 100 m von ihnen entfernt, sahen sie einen grünlich gelben Lichtschimmer.

„Guck doch, das Licht da", flüsterte Moana. Sie traute sich nicht laut zu sprechen.

„Ja, ich sehe es", raunte Liz. „Bestimmt werden wir gleich wissen, was diesen Lärm macht."

Das Rumpeln wurde immer lauter. Langsam tasteten sie sich vorwärts und näherten sie sich dem Lichtschein. Am Ende machte der Gang eine scharfe Biegung nach links. Dort angekommen öffnete sich vor ihnen eine weitere große Höhle.

Jetzt sahen sie, was dieses Rumpeln und Rauschen verursachte: Es war eine große Mühle. Eine Steinmühle. Zwei ineinander liegende steinerne Scheiben drehten sich langsam und mahlten. Sie wurden von einem großen Wasserrad angetrieben. Eine Wasserquelle schoss aus der einen Höhlenwand, floss in einem Bachbett am Höhlenrand entlang, trieb das Wasserrad an und verschwand dann wieder in der Erde.

An der Mühle machte sich ein seltsames Männchen zu schaffen. Zuerst dachte Moana, es sei ein Kind. Doch als sie ihn vor sich hin murmeln hörte, merkte sie, dass er wohl doch schon älter war. Er hatte einen großen Sack in den Armen und schüttete dessen Inhalt in ein Loch in der Mitte der beiden Scheiben. Es sah aus wie Getreide.

Er drehte ihnen den Rücken zu. Schweigend beobachteten ihn Moana und Liz eine Weile und sahen sich in dem Raum um. Noch nie zuvor hatten sie so einen Ort gesehen. Der Raum war sehr hoch und schimmerte in einem grünlich gelben Licht. Es war ein sehr angenehmes, wohltuendes Licht.

Dann betrachtete sie wieder den kleinen Mann. Er war nicht größer als Moana und rundlich. Unter einer mützenartigen Kopfbedeckung guckten kräftige, störrische braune Haare hervor. Er trug ein helles einfaches Hemd aus grobem Stoff und braune Hosen. Seine

Schuhe waren aus einem dicken Stoff gemacht und sahen aus wie einfache Mokassins.

„Was steht ihr da herum wie die Ölgötzen. Kommt doch herein und macht es euch bequem." sagte er plötzlich laut und deutlich ohne sich umzudrehen. Seine Stimme klang bestimmt, aber nicht unfreundlich.

Moana und Liz sahen sich an. Hatte er etwa sie gemeint? Woher wusste er denn, dass sie ihn beobachteten? Als hätte das Männchen ihre fragenden Gedanken gelesen, sagte er: „Natürlich meine ich euch. Oder seht ihr hier noch jemanden? Ich habe euch kommen hören."

Wieder wechselten Moana und Liz einen überraschten Blick. Er musste gute Ohren haben, wenn er bei dem Gerumpel der Mühle ihre Schritte wahrgenommen hatte.

„Na ja, mit ein bisschen Geschick kann man nicht nur mit den Ohren hören, " sagte er. Moana hatte keine Ahnung, was dieser seltsame Mann meinte. Jetzt drehte er sich endlich zu ihnen um und sah sie aus großen braunen Augen freundlich an. Er hatte ein lustiges, rundes Gesicht, große Ohren und eine dicke Knubbelnase. War er ein Mensch so wie sie?

„Nein, ich bin nur ein Verwandter sozusagen. Ich bin vom Volk der Erdelinge und heiße Odelin", sagte er zu Moana gewandt und Moana, die diese Frage gar nicht laut ausgesprochen hatte, war sich nun sicher, dass er ihre Gedanken lesen konnte.

Liz, die sich erstaunt umgesehen hatte, fand ihre Sprache wieder und stellte sie vor. „Ich bin Liz und das ist meine Freundin Moana. Wir sind zu Besuch im Wunderwald. Verzeihen Sie unser Eindringen. Wir wollten nicht unhöflich sein. Hier gibt es so viel Erstaunliches, das uns fremd ist. Eben sind wir einer Elfe begegnet. Sie hat uns vom Geheimnis des Lebens erzählt. Also haben wir uns auf den Weg gemacht, es zu finden. Dann haben wir die Geräusche gehört und sind ihnen gefolgt. und so sind wir hier bei Ihnen gelandet", erklärte Liz.

Der kleine Mann sah sie aufmerksam an. „Seid mir willkommen. Ich freue mich über netten Besuch. - So, ihr wollt also das Geheimnis des Lebens erkunden. - Das ist eine interessante Idee", antwortete er. Dann wandte er sich wieder der Mühle zu und schüttete er einen weiteren Sack Getreide hinein, falte den leeren Sack ordentlich zusammen und legte ihn auf einen Stapel Leinensäcken neben die Mühle.

„Kannst du uns weiterhelfen?" fragte Moana.

„Du meinst, ob ich euch etwas vom Geheimnis des Lebens erzählen kann? - Na ja, ich kann euch von der Großen Mutter erzählen", antwortete Odelin.

„Wer ist die Große Mutter?" wollte Moana wissen.

„Was meinst du? Wer könnte das sein?" Odelin sah sie forschend an.

Jetzt schaltete sich Liz ein. „Du meinst sicher die Erde", gab sie zurück.

„Ja, genau die meine ich", erwiderte Odelin. „Unsere gute Mutter Erde."

„Warum nennst du sie 'Mutter'?" fragte Moana weiter.

„Ist eine Mutter nicht diejenige, die uns das Leben schenkt? Ist eine Mutter nicht die, die uns mit allem versorgt, was wir zum Leben benötigen? Das ist die Erde. Die Mutter allen Lebens."

„Aber die Erde ist doch ein Planet und kein Lebewesen", widersprach Moana.

„Sie ist kein Lebewesen, meinst du? Wie kann alles Leben aus ihr entstehen, wenn sie nicht selbst lebt?" gab Odelin zurück.

Moana legte die Stirn in Falten und dachte sichtlich darüber nach. So hatte sie das noch nie betrachtet. Die Erde soll ein Lebewesen sein?

„Früher haben sehr viele Menschen die Erde als Mutter angesehen. In vielen Teilen der Welt", sagte Liz.

„Ja, das stimmt. Und sie täten gut daran, sich wieder daran zu erinnern, dass die Erde kein Ball ist, den man mit Füßen treten darf", setzte Odelin hinzu und in seiner Stimme rollte Ärger mit.

Er fuhr fort: „Mutter Erde ist eine sehr großzügige Mutter. Sie gibt uns alles, was wir brauchen. Doch die Menschen haben es ihr nicht gedankt. Sie haben sich mehr genommen als sie benötigten und das war immer noch nicht genug. Dabei haben sie der Mutter große Wunden zugefügt. Das ist nicht gut. Das ist gar nicht gut", sagte Odelin und schüttelte bedächtig seinen struppigen Kopf. „Nein, nein, das ist gar nicht gut." Seine freundlichen Augen blickten nun ernst. „Die Menschen haben vergessen, dankbar zu sein für das, was sie von der Mutter bekommen haben. Sie haben überhaupt eine ganze Menge vergessen. Sie haben vergessen, wie man gutes Essen macht und wie man isst."

„Meine Mutter kann aber sehr gut kochen - und wie meinst du das überhaupt - sie haben vergessen wie man isst?" fragte Moana.

„Das meiste Essen, das ihr esst, kommt aus der Fabrik. Fast nichts ist mehr so, wie Mutter Erde es wachsen ließ, bis es bei euch auf dem Teller landet. Das ist sehr bedenklich. - Das meiste wächst nicht mehr so, wie es wachsen sollte. - Schlecht, schlecht, schlecht. - Dass ihr das Zeug überhaupt noch runter kriegt, unglaublich!" Odelin verzog sein Gesicht zu einer Grimasse, die unverkennbar Ekel ausdrückte.

„Wie sollte es denn wachsen?" fragte nun Liz, die neugierig war, was Odelin dazu zu sagen hatte. „Das guckt ihr euch am besten selber an. Draußen im Wald. Da werdet ihr schon jemanden finden, der es euch erklären und zeigen kann. Ihr seid doch hier, um das herauszufinden, nicht wahr?"

„Ja, scheint so", erwiderte Liz.

„Was esst ihr denn?" fragte Moana, die auch neugierig geworden war. „Und wo sind überhaupt die anderen? Hast du eine Familie?" Plötzlich hatte Moana eine ganze Menge Fragen.

„Ja, natürlich habe ich eine Familie. Wir sind alle eine große Familie hier. Die anderen sind auf dem Feld bei der Ernte. - Du willst wissen, was wir essen? - Alles, was Mutter Erde uns schenkt. Früchte, Gemüse und Getreide vor allem. Ich habe gerade Brot gebacken. Willst du ein Stück probieren?"

„Oh ja, gerne!" antwortete Moana. Odelin ging zu einem Tisch, der an der Wand stand. Dort lag ein Laib Brot, der sehr ähnlich aussah, wie das Brot, das sie kannte.

„Nehmt doch Platz" sagte er und wies auf drei kleine Bänke, die um einen runden Tisch herum standen. Liz und Moana machten es sich dort bequem. Odelin brach zwei Stücke vom Brot ab und reichte eins davon Moana und das andere Liz. Sie bissen beide hinein und kauten eine Weile darauf herum.

„Hm, köstlich!" meinte Liz.. „Wirklich köstlich!" Moana nickte zustimmend und aß im Nu das ganze Stück auf. Odelin sah, dass es dem Mädchen schmeckte und bot ihr ein weiteres Stück an. Moana griff gerne zu. Sie konnte sich nicht erinnern, je so gutes Brot gegessen zu haben.

Er wandte sich wieder der Mühle zu, die jetzt aufgehört hatte zu rumpeln. Odelin nahm das gemahlene Getreide heraus, füllte es in Leinensäcke und schnürte sie ordentlich zu.

„An eurer Stelle würde ich mich auf in den Wald machen, bevor es dunkel wird. Da wird euch viel Interessantes begegnen." meinte er.

„Ich finde es hier auch sehr interessant", erwiderte Liz, die immer noch an ihrem Stück Brot kaute und sich damit viel Zeit ließ, um es richtig zu genießen.

Dabei sah sie sich aufmerksam in der Höhle um. Außer der Steinmühle gab es ein paar einfache Möbelstücke. Die Bänke und der Tisch, an dem sie saßen, waren aus Holz gemacht. Gegenüber an der Wand stand noch ein Tisch, auf dem das Brot lag. Daneben befand sich ein breites Regal, das in die Wand eingehauen war. Es war mit allerlei Dingen gefüllt, die aussahen wie Werkzeuge.

Die Decke war erstaunlich hoch für eine Höhle und Liz fragte sich wieder, wie diese Höhle entstanden war. Von dem Raum ausgehend, in dem sie sich befanden, gingen zwei Gänge ab, die offensichtlich weiter in die Erde hinein führten. Wo führten sie hin? Hatten die Erdelinge all das selbst gemacht? Es gab noch so vieles, was sie Odelin fragen wollte.

Doch Odelin hatte Recht. Sie machten sich besser auf den Weg, bevor es dunkel wurde. Aber sie nahm sich fest vor wiederzukommen und Odelin diese Fragen zu stellen. Odelin hatte ihre Gedanken wieder aufgeschnappt. Er sagte: „Natürlich könnt ihr wiederkommen. Ihr seid jederzeit herzlich willkommen."

Plötzlich hörten sie wieder ein Rumpeln. Diesmal war es nicht die Mühle. Es hörte sich an wie ein Donnergrollen. „Gibt es ein Gewitter?" fragte Moana.

Odelin runzelte die Stirn und sah sehr besorgt aus. „Nein, das ist kein Donner." Er wandte sich dem Gang zu, der ins Erdinnere führte. Da begann der Boden unter ihnen sachte zu beben.

„Oh nein, nicht schon wieder!" brummte Odelin. „Schnell, ihr müsst hier raus. Beeilt euch!" rief er Liz und Moana zu.

„Was ist denn los?" fragten Liz und Moana wie aus einem Munde. „Das ist ein Erdbeben. Wahrscheinlich ist es gleich vorbei. Aber es ist sicherer, wenn ihr die Höhle verlasst."

„Ein Erdbeben?" fragte Liz. „Habt ihr das hier öfter?"

„Nein, ganz früher gab es das gar nicht. Erst in den letzten Jahren hat es angefangen. Meistens dauern sie nicht lang, aber die Abstände zwischen den Beben werden immer kürzer und die Beben werden heftiger. Bisher ist noch niemand von uns zu Schaden gekommen, aber manchmal verschwinden plötzlich Teile des Waldes."

„Was? Der Wald verschwindet? Das kann doch nicht sein!" sagte Moana entsetzt.

„Doch, es ist wahr. Wenn das so weitergeht, ist von unserer Welt bald nichts mehr übrig." sagte Odelin.

„Woran liegt das denn? Kann man denn nichts dagegen tun?" fragte Liz.

„Es hängt mit eurer Welt zusammen. Natürlich könnte man etwas dagegen tun. Und mir ist zu Ohren gekommen, dass es Menschen gibt, die sich darum bemühen, die Zerstörung der Welt zu bremsen. Doch das reicht nicht. Es gibt immer noch zu viele, die sich nicht darum kümmern. Dabei ist es höchste Zeit. Nicht nur unserer Welt ist in Gefahr. Auch eure."

„Ja, das stimmt. Seit vielen Jahren wissen wir, dass unsere Erde Schaden nimmt." sagte Liz nachdenklich. „Aber was können wir denn tun, damit es aufhört?" fragte Moana mit wachsendem Entsetzen. Der Boden unter ihren Füßen vibrierte immer noch.

„Die Waldelfe hat Recht. Ihr müsst das Geheimnis des Lebens finden. Geht weiter. Im Wald werdet ihr alle Antworten finden, die ihr braucht." Flink wandte sich Odelin um, lief zu einem der Leinensäcke, griff hinein und holte einen Laib Brot heraus. Dann griff er in einen anderen und nahm vier Äpfel heraus. Er lief zu den beiden Freundinnen zurück und reichte es ihnen. „Hier, ein bisschen Proviant kann nicht schaden."

Liz bedankte sich und steckte Brot und Äpfel in ihren Rucksack.

Dann verabschiedeten sich Liz und Moana von Odelin, bedankten sich herzlich für seine Gastfreundschaft und folgten dem Gang, durch den sie gekommen waren, wieder ins Freie. Draußen war von dem Erdbeben nichts mehr zu spüren. Es hatte aufgehört. Moana atmete erleichtert auf.

Als sie wieder im Wald waren, zupfte Moana Liz besorgt am Ärmel und sagte: „Du, bist du sicher, dass wir nicht doch in einem Märchen gelandet sind?" Fast wünschte sie, Liz würde ihr erklären, dass sie das alles nur träumten. Das Beben und die Geschichte vom Verschwinden des Waldes hatten ihr Angst gemacht. Wenn nun plötzlich ein Stück vom Wald verschwand, in dem sie sich gerade aufhielten? Würden sie dann auch einfach verschwinden? Und wenn ja, wohin? Moana traute sich nicht, weiter zu denken. Liz antwortete:

„Nein, bin ich nicht. Vielleicht ist es ein Märchen. Aber auch wenn es eins ist, hat es mit uns zu tun. Lass uns gehen und sehen, wie es weiter geht."

„Wohin gehen wir jetzt?"

„Mal sehen." Liz sah sich um. Links von ihnen war der Weg, den sie gekommen waren. Vor ihnen führte ein Weg weiter in den Wald hinein. „Wie wär's, wenn wir einfach da lang gehen?"

„Gut." sagte Moana.

Sie nahmen einander an der Hand und gingen weiter, immer geradeaus.

Begegnung mit dem Herrn der Wälder

Sie waren schon eine ganze Weile gegangen, als plötzlich etwas merkwürdiges geschah. Die Luft schien zu vibrieren. Ein Gefühl von Wärme, wie ein leises Prickeln, breitete sich in ihren Körpern aus. Moana schüttelte sich. Sie war sich nicht sicher, ob sie dieses Gefühl angenehm oder unangenehm fand. Sie sah zu Liz auf. Die schien auch etwas zu fühlen, denn sie blieb stehen und atmete tief ein. Sie sah sich um, als ob sie jemanden suchte. „Fühlst du das auch, Liz? - Was ist das?" fragte Moana. „Ich weiß es nicht. Aber irgendwie habe ich das Gefühl als wäre da jemand -."

Da sah auch Moana sich um. Sie konnte niemanden entdecken, aber ihr fiel auf, dass die Bäume und die Blumen noch kräftiger strahlten als zuvor. „Lass uns weitergehen", meinte Liz und sah dabei sehr erwartungsvoll aus. Dann merkten sie plötzlich, dass sie wirklich nicht allein waren. Eine Gestalt ging neben ihnen her, größer als sie selbst. Größer als ein Mensch. Er war ganz plötzlich da.

Liz und Moana blieben abrupt stehen und sahen erstaunt zu der Gestalt auf. Was war das für ein merkwürdiges Wesen? Aus seinem Kopf wuchsen zwei Hörner. Sein Oberkörper war der eines Menschen, aber seine Beine sahen merkwürdig aus. Sie waren dicht behaart und statt Füßen hatte er gespaltene Hufe. Moana starrte die seltsamen Füße sprachlos an. Als seine dröhnende Stimme ertönte, sah sie zu ihm auf. Auch Liz hatte sprachlos gemustert, als traute sie ihren Augen nicht.

„Hallo, willkommen in meinem Wald. Ihr habt doch keine Angst vor mir?" dröhnte er.

Moana war zu überrascht, um zu antworten. Schließlich fand Liz ihre Sprache wieder. „Nein", antwortete sie schlicht. Und das stimmte. Obwohl die Gestalt sehr groß war und ungewöhnlich aussah, offensichtlich auch kein Mensch war, war er nicht Furcht einflößend. Seine Stimmte hallte laut durch den Wald, aber seine Augen blickten freundlich auf sie nieder und auch in seiner Stimme hörten sie Freundlichkeit heraus.

„Warum habt ihr keine Angst? Die meisten Menschen haben Angst vor mir."

„Du fühlst dich nicht gefährlich an", entgegnete Liz.

Und so war es auch. Moana dachte, Liz hat Recht. Er sieht überhaupt nicht böse aus, aber sie fühlte sehr deutlich, dass diese Gestalt eine Kraft besaß, die sie bei einem Menschen noch nie bemerkt hatte.

„Wisst ihr denn, wer ich bin?"

Moana überlegte. Irgendwie kam er ihr bekannt vor. Sie hatte so eine Gestalt schon einmal gesehen. Nicht in echt, nicht als sprechendes Lebewesen. Das ganz sicher nicht. Aber bestimmt auf einem Bild, vielleicht in einem Buch. Zu ihrer großen Überraschung antwortete Liz: „Ja, ich weiß, wer du bist."

„Dann solltest du aber Angst haben."

„Ich habe keine Angst", sagte Liz noch einmal. Ihre Stimme klang ruhig und fest.

„Und was ist mit dir, kleines Mädchen? Hast du keine Angst vor mir?" fragte er, nun an Moana gewandt. Moana blickte in seine mandelförmigen, geheimnisvollen, braunen Augen und schüttelte entschieden den Kopf.

„Weißt du denn, wer ich bin?" Moana überlegte noch einmal und schüttelte wieder den Kopf. Sie war so beeindruckt, dass sie kein Wort heraus brachte.

Dann wandte er sich wieder an Liz. „Sag mir, warum du keine Angst hast."

„Ich fühle mich sehr verbunden mit allem, was ich hier sehe und was mir hier begegnet. Ich liebe die Natur und die Geschöpfe des Waldes. Und ich bin dankbar, dass ich diesen Ort gefunden habe. Er ist wie ein Paradies. Alle, die uns hier begegnet sind, sind sehr freundlich und hilfsbereit. Du bist ein Teil davon. Warum sollte ich Angst vor dir haben? Nein, ich habe keine Angst." erwiderte Liz.

Moana war überrascht wie Liz mit diesem Wesen sprach. Als würde sie ihn wirklich schon kennen. Wer konnte das bloß sein?

Er fragte weiter: „Glaubst du an die Bewohner des Waldes hier?"

„Ja. Mit einigen haben wir schon Bekanntschaft gemacht."

„Bist du auch bereit, sie zu achten?"

Liz überlegte. Deutlich fühlte sie bei all den beharrlichen Fragen, dass sie diesen Ort und die Wesen, die ihnen begegnet waren, achtete und liebte.

Also antwortete sie: „Ja, das tue ich."

„Und du, kleines Fräulein?" Moana war sich nicht sicher, was er mit all den Fragen bezweckte, aber dann kam ihr die kleine Elfe in den Sinn, die sie getroffen hatten. Sie wollte sie so gerne wieder sehen. Da die Gestalt auf sie herabsah und auf eine Antwort wartete, nickte sie. Er fuhr fort: „Und du weißt wirklich nicht, wer ich bin? Lernt ihr so etwas nicht mehr in der Schule?" Wieder schüttelte Moana den Kopf.

„Ich bin der Teufel", sagte er und grinste.

Moanas Augen weiteten sich. Dann fiel es ihr wieder ein. Na klar, dieses Wesen mit den Hörnern… Aber das soll der Teufel sein? Nein, so freundlich war ein Teufel bestimmt nicht.

Liz sagte: „Nein, du bist nicht der Teufel. Du bist Pan, der Herr der Wälder und der Wiesen."

„Warum haben mich die Menschen früher dann als Symbol für den Teufel genommen? Seht mich doch an, - meine Hufe, meine zotteligen Beine und die Hörner auf meinem Kopf. Sehe ich nicht Furcht erregend aus?"

„Nein, eigentlich nicht. Ich schätze, die Menschen damals konnten sich nicht vorstellen, dass ihr Gott neben einem mächtigen Pan und all den Waldgeistern existieren könnte. Deshalb haben sie sie verteufelt, damit die Menschen Angst vor ihnen bekämen. Aber ich denke, das ist falsch. Dass Gott die Menschen erschaffen hat, schließt doch keineswegs aus, dass er auch Waldgeister erschuf. Jedenfalls sehe ich das so."

Jetzt lächelte er. Es war ein nettes und gleichzeitig verschmitztes Lächeln. „Und stinke ich nicht fürchterlich wie ein Ziegenbock?" wollte er weiter wissen. Seit Pan neben ihnen stand hatte Liz einen kräftigen Geruch nach Kiefernwald, feuchten Blättern, Erde und Tierfell wahrgenommen. „Nein, gar nicht. Du riechst eher nach Wald und so wie das Fell eines Tieres. Sehr angenehm eigentlich", erwiderte Liz.

Moana schnupperte leise, damit Pan es nicht merkt. Ja, sie fand auch, dass es ein angenehmer Geruch war.

„Warum stellst du uns all diese Fragen?" wollte Liz wissen.

„Ich möchte herausfinden, was ihr über mich denkt."

„Warum?"

„Das erfahrt ihr noch. - Habt ihr etwas dagegen, wenn ich euch ein

Stück begleite?"

„Nicht das geringste", antwortete Liz freudig. Dann blickte er wieder zu Moana. „Hast du deine Zunge verschluckt oder hast du doch Angst vor mir?" Moana wollte etwas sagen, aber sie war immer noch so damit beschäftigt, all das zu begreifen, was da geschah, dass sie einfach nicht sprechen konnte. So lächelte sie Pan einfach nur an. Nein, Angst hatte sie nicht vor ihm.

Er faszinierte sie, und während sie der Unterhaltung der Beiden zugehört hatte, erinnerte sie sich daran, dass sie den Namen Pan schon einmal gehört hatte. Aber eigentlich wusste sie nur, dass die Menschen vor langer, langer Zeit, bevor sie begannen in die Kirche zu gehen, an einen Waldgott namens Pan glaubten. Ach, da fiel ihr plötzlich doch noch etwas ein und sie platzte damit heraus: „Hast du deine Flöte dabei?"

Da schenkte er Moana ein breites, wunderbares Lächeln und sagte: „Natürlich habe ich sie dabei." Und da hatte er sie auch schon in der Hand. Er hob sie an seine Lippen und begann zu spielen. Es war eine seltsame Melodie. Sie drang durch Mark und Bein und verlor sich tief in der Seele. Sie war so unfassbar, dass es unmöglich war, sie im Gedächtnis zu behalten. Liz und Moana hörten ihm wie verzaubert zu.

Es war schwer zu sagen, wie lange sie so dahin gingen. Moana kam es lange vor, aber gleichzeitig spielte Zeit keine Rolle. Es konnten fünf Minuten sein oder fünf Stunden. Sie hätte nicht sagen können, wie lange es tatsächlich dauerte. Es war auch nicht wichtig.

Während Pan spielte, füllte sich der Wald plötzlich mit unzähligen Lebewesen: Elfen, Gnome, Feen und viele andere, für die Moana keinen Namen hatte, kamen von allen Seiten herbei geströmt. Die größten unter ihnen waren etwa so groß wie sie selbst, doch die meisten waren kleiner, viele sehr viel kleiner als sie. Nicht größer als Streichhölzer. Sie schwärmten durch's Gehölz, hopsten und tanzten um die Bäume herum und schließlich waren Moana, Liz und Pan umringt von ihnen.

Einige waren zart und fast durchsichtig, andere rundlich und lustig anzusehen. Sie hatten so viele Formen und unterschiedliche Gestalten, dass es unmöglich ist, sie alle zu beschreiben. Ob es in der Menschensprache überhaupt Namen für sie gab? Die Wesen begrüßten die Drei voller Freude.

Die intensive Fröhlichkeit, die sie ausstrahlten, war ansteckend.

Sie vertrieben alle Sorgen aus ihren Herzen. Moana fing an zu lachen. - Ach, da war ja auch die kleine Elfe von eben wieder! Sie lief auf Moana zu, strahlte sie an, nahm sie bei den Händen und hüpfte mit ihr im Kreis. Moana war glücklich, Lilu wieder zu sehen und tanzte begeistert mit.

Trotz des lustigen Treibens herrschte gleichzeitig tiefer Frieden und ein Wohlgefühl, das sie tief durchdrang. Moana glaubte, noch nie so glücklich gewesen zu sein. Das Erdbeben von eben hatte sie völlig vergessen.

Tollend und tanzend bewegten sie sich alle gemeinsam durch den Wald. Schließlich kamen sie zu einer Lichtung. Moana und Liz trauten ihren Augen nicht: Vor ihnen lag eine Wiese mit einer Blumenpracht, wie sie sie noch nie gesehen hatten.

Pan setzte die Flöte ab. All die kleine Wesen und Elfen hüpften auf die Lichtung und wimmelten geschäftig umher. Nur Lilu blieb neben

Moana stehen. „Du, was machen die da?" fragte Moana Lilu. „Wir helfen den Pflanzen wachsen" antwortete Lilu. Moana zog erstaunt die Augenbrauen hoch. „Ihr helft den Pflanzen wachsen? Wie denn?"

„Wir reden mit ihnen, muntern sie auf und helfen ihnen durch beschwerliche Zeiten."

„Ach ja? Ich dachte immer, Pflanzen wachsen von alleine."

„Ja, das tun sie ja auch. Aber sie lassen sich gern von uns helfen. Du kannst ja auch ohne deine Eltern wachsen. Du fühlst dich aber viel wohler, wenn sie bei dir sind, nicht wahr? Mit Liebe wächst es sich eben besser und schöner. Auch den Pflanzen fällt das Wachsen und Gedeihen leichter, wenn sie Liebe und Unterstützung bekommen. Sieh doch, wie sie sich freuen, dass wir da sind. Und wie schön sie sind."

Ja, schön waren sie wirklich. In keinem Garten und auf keiner Wiese hatte Moana je eine solche Blumenpracht gesehen.

„Wohnt ihr denn nur hier im Wunderwald? Könnt ihr nicht auch den Bäumen in anderen Wäldern helfen?" fragte Moana weiter.

„Doch, natürlich könnten wir das. Aber das macht keinen Spaß. Immer, wenn wir gerade angefangen hatten, uns an einem Ort wohl zu fühlen, sind kamen die Menschen gekommen und haben alles kaputt gemacht. Wir sind nicht gern dort, wo Menschen sind. Wir können nicht verstehen, warum sie alles kaputt machen. Also bleiben wir im Wunderwald oder gehen nur zu Orten, wo es keine Menschen gibt. Aber von diesen Orten gibt es nicht mehr viele."

Lilu ließ die Schultern hängen und seufzte, so wie sie es auch schon bei ihrer ersten Begegnung getan hatte. Da wurde Moana selbst ganz traurig und befürchtete, Lilu würde wieder anfangen zu weinen. Nach dem Besuch bei Odelin konnte sie Lilus Besorgnis gut verstehen.

Schnell versuchte sie sie aufzumuntern: „Aber es sind doch nicht alle Menschen so. Es gibt viele, die sich über den Wald freuen und nicht wollen, dass etwas kaputt gemacht wird." Lilu sah sie zweifelnd an.

„Doch, bestimmt! Liz und ich zum Beispiel. Wir sind immer so gerne im Wald. Wir pflücken manchmal Kräuter und sammeln Pilze, aber wir passen immer auf, dass wir nichts kaputt machen und reißen nie ganze Pflanzen aus. Und es gibt viele Menschen, die so denken wie wir", versicherte Moana.

Lilu hatte immer noch Bedenken. „Vielleicht ist das so. Aber ihr glaubt nicht mehr an uns."

„Doch, ich glaube an euch. Ich sehe ja, dass es euch gibt." erwiderte Moana eifrig. Lilu sah sie ernst an. „Ja, jetzt kannst du uns sehen. Hast du auch an uns geglaubt, als du den Wunderwald noch nicht kanntest?"

Moana musste zugeben, dass Lilus Zweifel berechtigt waren. Gestern noch hätte sie geschworen, dass es Elfen, Feen und Waldgeister nur in Märchen gab und sie nicht wirklich existierten. Sie war sich nicht einmal sicher, ob sie jetzt vielleicht träumte. War das alles wirklich? - Doch wie sie hier so stand, mit Lilu an ihrer Seite, und Liz und Pan, der Wald, die Wiese, all die prächtigen Farben, - nein, das konnte unmöglich ein Traum sein. Es fühlte sich zu echt an.

Da hatte sie eine Idee: „Du, kannst du nicht mal mit mir in die Schule kommen? Dann können dich die anderen sehen und auch an euch glauben."

„Nein, tut mir leid. Das geht nicht. Das heißt, mitkommen könnte ich schon, aber es würde nichts nützen. Dass du mich sehen kannst, bedeutet nicht, dass mich auch alle anderen sehen können. Nur wer ehrlich an uns glaubt und uns liebt, kann uns sehen. Und sogar die nicht immer."

Moana war enttäuscht. Lilu erzählte weiter: „Früher konnten uns viele Menschen sehen und sie haben auch mit uns geredet, aber das ist sehr lange her. Heute gibt es kaum noch Menschen, die uns sehen können."

„Wieso können wir euch dann sehen?" fragte Moana

„Ihr seid mit offenem Herzen hierher gekommen. Wir wissen, dass ihr uns nichts Böses wollt, sonst hättet ihr den Eingang zum Wunderwald gar nicht finden können. Wer einmal hier ist, kann alles sehen, was es hier gibt. Aber außerhalb unseres Waldes bleiben wir lieber unsichtbar."

Liz konnte Lilus Bedenken wohl verstehen. Sie konnte sich vorstellen, was geschehen würde, wenn Lilu mit in die Schule käme und sichtbar wäre. Das würde eine Aufregung geben! Bestimmt war sie hier im Wunderwald besser aufgehoben. Plötzlich huschte ein Lächeln über Lilus Gesicht. Sie nahm Moana und Liz bei der Hand und sagte: „Lasst uns lieber fröhlich sein. Es ist so ein schöner Tag! Kommt!" Sie zog die beiden auf die Wiese.

Und so tanzten sie alle zusammen bis in den Abend hinein. Dann begannen viele der Waldbewohner, sich zurückzuziehen. Auch Pan war verschwunden. Nur der Geruch von Kiefern, Erde und Tierfell lag noch in der Luft und erinnerte daran, dass er dort gewesen war.

Moana und Liz waren auch müde geworden. Wie viel sie heute erlebt hatten!

Lilu rollte sich unter einem großen Baum auf einer moosbedeckten Stelle zusammen und war im Nu eingeschlafen.

„Ich denke, wir sollten uns auch ausruhen", meinte Liz. „Und wo schlafen wir?" fragte Moana. „Wir machen es einfach so, wie die anderen. Wir legen uns auf den Boden. Ich habe Decken mitgenommen. Das wird reichen."

Auch Moana hatte eine Decke in ihrem Rucksack. Sie breitete die dicke Decke, die Liz ihr gab, auf dem Boden aus, in der Nähe, wo sich Lilu schlafen gelegt hatte. Sie legte sich hin und deckte sich mit der dünneren Decke, die sie selbst mitgebracht hatte, zu. Sie kuschelte sich auf ihrem Lager zu Recht und war überrascht, wie weich der Waldboden war. Die Sonne hatte den Boden mit wohltuender Wärme aufgetankt und er duftete nach Bäumen und Sommer. In ihrem eigenen Bett konnte es kaum gemütlicher sein. Liz hatte sich ihr Lager gleich neben Moana gebaut und sagte: „Schlaf schön."

„Danke, du auch."

Moana dachte, dass sie bestimmt lange nicht einschlafen würde. Sie lauschte auf die Geräusche des Waldes, das Zirpen der Grillen, die Rufe der Nachtvögel und das Rauschen der Baumkronen im Wind. Durch die Baumkronen sah sie ein paar Sterne blitzen. Es war ein schöner Tag gewesen. Sie erinnerte sich noch einmal an die Erlebnisse, die sie heute gehabt hatte. Wie aufregend alles gewesen war! Doch dann war sie plötzlich doch eingeschlafen.

Moana und Liz schliefen so gut und fest, dass sie nicht merkten, wie sich vier fingergroße rundliche Gestalten ihren Schlafplätzen näherten. Sie schleppten etwas heran, das offensichtlich ganz schön schwer für sie war.

Sie schnauften und stöhnten. Es war etwas Längliches. Sie wisperten leise miteinander in einer Sprache, die Menschen nicht verstehen konnten. Vorsichtig näherten sie sich den Schlafenden, legten das Ding zwischen Liz und Moana ab und verschwanden auf leisen Sohlen wieder in den Wald. Nur Lilu hatte die Waldwesen

bemerkt. Sie blinzelte kurz und sah ihnen zu, wie sie sich davon machten. Dann sah sie, was die vier dagelassen hatten.
 Sie lächelte und schlief wieder ein.

Die Wasserfee

Am nächsten Morgen erwachten sie bei Morgengrauen. Liz und Moana schauten sich um. Die Waldbewohner waren nicht mehr da. Niemand war zu sehen. Nur Lilu saß im Moos und betrachtete sie eingehend.

„Guten Morgen, ihr Langschläfer", sagte sie. Moana rieb sich die Augen und gähnte ausgiebig. „Wo sind denn all die anderen?" fragte sie.

„Sie schweifen durch den Wald und tun ihre Arbeit", antwortete die Waldelfe.

Liz reckte sich und richtete sich auf. Verschlafen blickte sie sich um. Die Wiese lag friedlich vor ihnen. Vom gestrigen Treiben war nichts mehr zu sehen. Da entdeckte sie plötzlich einen länglichen Gegenstand, der zwischen ihr und Moana lag. Sie nahm ihn in die Hand und sah, dass es ein Schlüssel war. „Wo kommt der denn her?" fragte sie erstaunt.

Sie wog den Schlüssel in der Hand. Er war groß und aus hartem Holz geschnitzt. Er sah aus, als wäre er schon Hunderte von Jahren alt. Liz drehte ihn herum und sah ihn sich genau an. Am oberen Ende war ein Zeichen eingeritzt:

☷

„Wo kommt der her?" sagte sie noch einmal und sah Lilu dabei fragend an.

Lilu grinste. „Da hat euch jemand ein Geschenk gemacht", antwortete sie.

Moana war inzwischen hell wach geworden. „Ein Geschenk?" wiederholte sie aufgeregt. „Zeig mal!" Sie nahm Liz den Schlüssel aus der Hand und betrachtete ihn eingehend.

„Wofür ist der? Und wer hat ihn uns gegeben?" fragte sie.

„Die Waldbewohner haben ihn euch gebracht. Das bedeutet, dass sie euch vertrauen. Ihr habt ihnen gezeigt, dass ihr sie achtet. Und sie haben gesehen, dass ihr nichts Böses im Sinn habt. Sie freuen sich, dass ihr gekommen seid und euch auf die Suche nach dem Geheimnis des Lebens macht. Dabei wollen sie euch helfen. Sie haben euch den Schlüssel gegeben, damit ihr eine der Türen öffnen könnt."

„Eine der Türen? Wie viele Türen gibt es denn?" fragte Liz.

„Fünf."

„Fünf Türen? Dann brauchen wir also noch vier Schlüssel", sagte Moana.

„Nein, noch drei. Die fünfte Tür öffnet sich, wenn ihr das Geheimnis verstanden habt."

„Aha. Und wo finden wir diese Türen? Gehören sie zu einem Haus?" wollte Liz wissen.

„Das findet selbst heraus", antwortete Lilu geheimnisvoll und lächelte. Sie sah heute Morgen durch und durch zufrieden aus. Keine Spur von Traurigkeit.

„Kannst du uns nicht wenigstens einen Tipp geben, wie wir zu den anderen Schlüssel kommen?" bat Moana.

„Geht doch zur Herrin vom See. Die kann euch bestimmt weiterhelfen."

„Die Herrin vom See? Wer ist das?" fragte Moana.

„Sie ist die Fee des Wassers. Sie wohnt im großen See", erwiderte Lilu.

„Und wie finden wir sie? Wo ist dieser See?" fragte Liz.

„Ihr müsst über die Wiese gehen, ein ganzes Stück durch den Wald, immer Richtung Osten, dann könnt ihr den See nicht verfehlen."

„Wohnt die Herrin vom See in einem Haus?" wollte Moana wissen.

„Aber nein. Sie wohnt natürlich im See."

„Im See? Ist sie ein Fisch?"

„Nein, doch kein Fisch." Lilu musste lachen. „Ich sage doch, sie ist eine Fee, kein Fisch. Ach, ihr werdet schon sehen. Ihr müsst sie rufen. Dann kommt sie zu euch. Sagt einfach: 'Wasserfee, Wasserfee, Herrin vom blauen See, bitte hör uns an.' Das ist alles."

Moana murmelte den Spruch mehrmals vor sich hin, damit sie ihn bestimmt nicht vergaß. Liz hatte inzwischen auf der Decke den Proviant ausgepackt und hatte dabei interessiert zugehört, was die Elfe erzählte.

„Also, wie war das? Über die Wiese, durch den Wald, immer

Richtung Osten, dann stoßen wir auf den See", wiederholte sie noch einmal.

„Ja, genau", bestätigte die Elfe.

„Gut, das machen wir. Aber lass uns erst frühstücken", sagte Liz und reichte Moana ein Stück von dem Laib Brot, das Odelin ihnen mitgegeben hatte. Sie bot auch Lilu etwas an. Aber die Elfe dankte freundlich. Sie begnügte sich damit, den Tau von den Blumen zu naschen.

Nach dem Frühstück packten Liz und Moana ihre Sachen zusammen, steckten den Schlüssel in den Rucksack, verabschiedeten sich von Lilu, die wieder in den Wald zurückgehen wollte und machten sich auf den Weg. Moana drehte sich noch einmal um und rief: „Lilu, sehen wir uns wieder?"

„Aber ja, natürlich!" versprach die kleine Elfe und winkte. Dann drehte sie sich um und verschwand zwischen den Bäumen. Diesmal war Moana nicht traurig. Sie war noch ganz erfüllt von dem gestrigen Tag und fühlte sich sehr zufrieden. Das Zusammensein mit den Waldwesen hatte sie mit so viel Zuversicht erfüllt, dass sogar der Gedanke an die Erdbeben sie nicht mehr wirklich beunruhigen konnte.

Auch Liz fühlte sich wohl und ausgeruht. Gemeinsam machten sie sich auf den Weg. Moana hüpfte fröhlich vor Liz über die Wiese und auf der anderen Seite fanden sie den Waldweg, von dem Lilu ihnen erzählt hatte.

Nachdem sie den ganzen Vormittag gegangen waren, kamen sie an den See. Er lag ruhig und friedlich vor ihnen, umgeben von Laubbäumen. Die Sonne schielte durch die Blätter und legte ein warmes Licht darüber. Die Sonnenstrahlen funkelten auf der Wasseroberfläche. Nichts regte sich dort im See. Wo mochte die Wasserfee sein?

„Soll ich sie rufen?" fragte Moana. Liz nickte ihr zu.

„Wasserfee, Wasserfee, Herrin vom blauen See, bitte hör uns an!" rief sie mit klarer Stimme.

Sie warteten eine Weile und beobachteten die Wasseroberfläche. Nichts geschah. Moana stupste Liz in die Seite: „Probier du es mal."

„Wasserfee, Wasserfee, Herrin vom blauen See, bitte hör uns an", wiederholte Liz.

Nichts geschah.

„Vielleicht probieren wir es noch einmal zusammen", meinte Liz. Und sie sprachen beide gleichzeitig: „Wasserfee, Wasserfee, Herrin vom blauen See, bitte hör uns an!"

Laut und deutlich hallten ihre Stimmen über den See. Schweigend blickten sie über das Wasser und warteten. Da plötzlich tauchte ein blaues Licht über der Wasseroberfläche auf. Es wurde größer und größer bis es die Größe eines Menschen hatte, aber sie konnten keine Gestalt erkennen. Es war wie eine Wolke von waberndem blauen Licht. War das etwa die Wasserfee? Wie sollten sie sich denn mit einer Wolke unterhalten?

Die Wolke bewegte sich auf die Beiden zu. Als sie fast das Ufer erreicht hatte, formte sich aus der Wolke eine Gestalt. Sie trauten ihren Augen nicht. Moana begann zu zwinkern. Zuerst wirkte sie durchsichtig, aber dann verfestigte sie sich immer mehr.

Vor ihnen stand eine wunderschöne Frau mit langen grünlich blauen Haaren. Ihre Haut schimmerte bläulich. Ihre Augen waren dunkelblau wie der See. Ein blaues langes Gewand hüllte sie ein. Sie sah wirklich aus, wie sich Moana eine Wasserfee vorgestellt hatte. Sogar ihre Stimme schien zu plätschern, als sie anfing zu sprechen:

„Ihr habt mich gerufen. Hier bin ich. Was kann ich für euch tun?"

„Jemand hat uns gesagt, du könntest uns etwas über das Geheimnis des Lebens erzählen", sagte Liz.

„Das ist wahr. Was möchtet ihr wissen?"

„Etwas, das uns weiterhilft, das Geheimnis zu verstehen", bat Liz.

Die Fee kam noch ein Stück näher. „Sicher wisst ihr, dass Wasser ein wichtiger Teil des Lebens ist", begann sie.

„Weil wir es zum Trinken brauchen?" fragte Moana.

„Nicht nur deshalb. Wasser hat eine ganz besondere Kraft. Eine Kraft, von der viele Menschen nichts wissen. Wasser ist in vieler Hinsicht euer wichtigstes Lebenselixier. Ihr trinkt es und ihr braucht es für viele Dinge. Wasser hat auch eine große Macht. Oft genug schwemmt es eure Häuser weg. - Und obwohl es so wichtig für euch ist, passt ihr nicht gut darauf auf. Ihr vergiftet es und mit dem Wasser vergiftet ihr euch selbst."

„Ja, das ist wahr. Viele Gewässer sind vergiftet", stimmte Liz betroffen zu.

„Aber was ist das für eine besondere Kraft, von der du eben

erzählt hast?" fragte Moana weiter. Sie hatte sich inzwischen daran gewöhnt, dass hier viele Wesen anders aussahen als sie es gewöhnt war und hatte keine Hemmungen mehr, Fragen zu stellen.

„Ich zeige es euch", plätscherte die Fee.

Sie mit einer geschmeidigen Bewegung öffnete sie ihre Hand und hielt Moana eine runde, in Metall gefasste Glasscheibe hin. Moana hatte nicht gesehen, woher die Fee die genommen hatte. Konnte sie etwa zaubern?

Die Fee schwebte auf Moana zu, reichte ihr die Scheibe und sagte: „Sieh mal da hindurch."

Moana nahm die Scheibe vorsichtig in ihre Hände. Sie war nicht schwer. Sie betrachtete sie von allen Seiten, dann hob sie die Scheibe vor ihr Auge und sah hindurch. „He, was ist denn das? Hierdurch sieht ja alles ganz anders aus!" rief sie erstaunt. „Was siehst du denn?" fragte Liz, die neugierig geworden war.

„Das ist ja irre!" sagte Moana begeistert.

Moana guckte durch die Scheibe in die Runde. „Die Bäume leuchten ja, die haben ja richtige Lichtstrahlen um sich herum. Und die Blumen! Die sind noch viel bunter und leuchtender!" Jetzt hielt sie die Scheibe auf Liz und sah sie an. „Mensch, du bist ja grün, Liz!" rief Moana aufgeregt.

„Was? Grün?"

„Ja, du hast einen ganz grünen Schimmer um dich herum. Und da auf deiner Brust ist ein roter Fleck." Fasziniert sah sie an Liz rauf und runter. Der grüne Schimmer wabberte um Liz herum und veränderte sich immer wieder etwas. Mal wurde er blauer, dann mischte sich ein lilafarbener, türkiser oder gelber Schimmer dazu. Dieses Licht war stetig in Bewegung. Am Körper entlang nahm sie verschiedenfarbige Flecke wahr. Auf der Brust war er rot, in der Magengegend war der Fleck gelblich, auf dem Bauch weiter unten hell orange. Über ihrem Kopf strahlte ein helles Grün.

Liz sah sie aufmerksam an und sagte schließlich: „Jetzt hast du mich aber wirklich neugierig gemacht. Lass mich doch auch einmal durchsehen", bat sie. Nur ungern gab Moana diese Zauberscheibe aus der Hand.

„Aber ich darf dann auch gleich noch mal gucken, ja?" Sie gab Liz die Scheibe und Liz sah hindurch. Staunend blickte nun auch sie in die

Runde. Auch Liz sah das Leuchten der Bäume und der Blumen. Dann wandte sie sich Moana zu und lächelte. „Du bist rot", sagte sie, „und oben auf deinem Kopf sitzt eine weiße Krone."

„Eine Krone?" fragte Moana erstaunt.

„Ja, so sieht es aus. Ein weißliches Licht leuchtet über deinem Kopf, wie eine kleine Krone", erklärte Liz.

Schließlich wandte sie ihren Blick auf die Wasserfee. Doch als sie die Fee durch die Scheibe betrachten wollte, wich sie zurück. Das Licht der Fee war so strahlend hell und blau, dass ihre Augen geblendet waren. Sie sah noch einmal hin bis sich ihre Augen an das Licht gewöhnt hatten.

Erstaunt stellte Liz fest, dass sie den Körper der Fee gar nicht sehen konnte. Da war nur Licht. Sie blickte über die Scheibe hinweg auf die Fee und konnte den Körper und das blaue wallende Gewand wieder erkennen.

Dann sah sie noch einmal durch die Scheibe und wieder sah sie nur Licht, als hätte sich die Fee im Licht aufgelöst. „Das ist ja merkwürdig.

Ich sehe dich gar nicht. Ich meine, ich sehe dich nur als Licht."

„Was du da in der Hand hast, ist eine Linse", erklärte die Fee. „Sie kann eine Kraft sichtbar machen, die das Menschenauge normalerweise nicht wahrnehmen kann. Es gibt nur wenige Menschen, die sie mit bloßem Auge sehen können. Durch die Linse nehmt ihr diese Kraft wie ein farbiges Licht wahr. Das Licht, das ihr dadurch sehen könnt, ist Lebenskraft. Alle Lebewesen haben so eine Lebenskraft. Die meisten Menschen können sie zwar nicht sehen, aber fühlen."

„Sie fühlen? Wie denn?" fragte Moana.

„Deine eigene kannst du ganz leicht fühlen. Wenn du müde bist und wenig Kraft hast, ist dein Licht klein. Wenn du sie sehen könntest, würdest du merken, dass dein Leuchten dann ziemlich eng an deinem Körper anliegt. So wie jetzt."

Als die Wasserfee das sagte, merkte Moana, dass sie vom dem weiten Weg durch den Wald und von all den Dingen, die sie schon erlebt hatten, recht müde war. Aber es war so aufregend gewesen, die Wasserfee zu treffen, dass sie ihre Müdigkeit glatt vergessen hatte.

„Jetzt zeige ich euch, wie die Kraft des Wassers wirkt. Legt eure Kleider ab und nehmt ein Bad im See", sagte die Fee und Moana und Liz sahen sich erstaunt an. Ein Bad? Warum nicht. Moana ging gerne schwimmen. Sie liebte es im Wasser zu sein und ließ sich das nicht zweimal sagen. Im Nu war sie aus ihren Klamotten geschlüpft und sprang jubelnd ins Wasser.

Das Wasser fühlte sich herrlich an.

„Komm rein", rief Moana Liz zu, die noch am Ufer stand und Moana dabei zusah, wie sie ausgelassen im See herum sprang. In Ufernähe war das Wasser nicht tief. „Es ist toll! Und gar nicht kalt."

Aber Liz musste nicht überredet werden. Auch sie badete gern, besonders in einem so schönen See wie diesem. Sie folgte Moana ins Wasser und schwamm mit kräftigen Zügen zur Mitte des Sees. Moana war fast mehr unter Wasser als über Wasser. Eine ganze Weile blieben sie und genossen das erfrischende Bad.

Schließlich hatte sie genug und stiegen wieder ans Ufer. Die Wasserfee hatte währenddessen geduldig auf sie gewartet, bis sie genug hatten.

Als sich Moana und Liz abgetrocknet und angezogen hatten, fragte sie: „Und wie geht es euch jetzt?"

Moana antwortete: „Ich bin eigentlich gar nicht mehr müde. Durst hab ich", sagte sie und griff nach der Flasche Wasser, die Liz ihr reichte. „Stimmt. Ich fühle mich auch viel besser. Wie neugeboren."

„Ja, dieses Gefühl kennt sicher jeder", antwortete die Fee. „Wasser hat eine sehr belebende Wirkung. Die kann man nicht nur fühlen, sondern auch sehen." Sie gab Moana noch einmal die Linse und fuhr fort: „Guck noch mal durch. Sieh dir an, wie das Leuchten deiner Freundin jetzt aussieht."

Moana nahm die Linse und wandte sich Liz zu. Stimmt. Das Licht um sie herum hatte sich verändert. Sie war immer noch grün, aber der Schein schien klarer, leuchtender und größer zu sein. Auch gleichmäßiger.

„Lass mich auch noch einmal sehen", bat Liz, die sehr neugierig war, was mit Moanas Leuchten geschehen war. Moana reichte Liz die Linse und ließ sich von Liz betrachten. Moanas Licht strahlte nun leuchtend rot, heller als zuvor.

„Jetzt habt ihr also gesehen, was ihr fühlt. Ihr fühlt euch lebendiger und erfrischt, weil eure Kraft gereinigt ist, nicht nur der Körper. Was die meisten Menschen unter euch nicht wissen, ist, dass Wasser nicht nur euren Körper, sondern auch eure Lebenskraft reinigt."

„Nein, das hab ich nicht gewusst", bestätigte Moana. „Wieso wissen denn so wenig Leute davon?" fragte sie.

„Es gibt viele Leute, die von diesem Licht wissen", antwortete die Fee. „Aber nicht überall auf eurer Welt. Dort, wo du wohnst, glauben die meisten Menschen nur das, was sie sehen, und denken das, was sie nicht sehen können, gibt es nicht. Damit wird ihre Welt sehr klein und vieles bleibt unerklärbar. Eure Augen können längst nicht alles sehen, was es gibt. Es gibt so viele Dinge zwischen Himmel und Erde, die eure fünf Sinnesorgane nicht wahrnehmen können."

Ihre dunkelblauen Augen sahen Moana aufmerksam an als sie weiter erklärte: „Das Lebenslicht, das ihr durch die Linse gesehen habt, bleibt nicht immer gleich. Auch das habt ihr gesehen. Eure Kraft kann klein sein oder groß. Es gibt viele Dinge in eurem Leben, die euch Kraft rauben, aber ihr könnt diese Kraft auch wieder stärken. Das habt ihr gerade selbst erfahren. Eine Möglichkeit ist, eure Kraft mit der Kraft des Wassers sauber und kräftig zu erhalten, indem ihr viel darin badet." Moana hatte es sich auf der Wiese bequem gemacht und hörte der Fee gespannt zu.

„Eure Geschichte ist voll von überlieferten Sagen, Legenden und Geschichten, in denen von der Macht des Wassers berichtet wird", fuhr die Fee fort. „Sicher kennt ihr die Geschichte vom Jungbrunnen. Lange vor eurer Zeit glaubten die Menschen, dass es einen Brunnen gäbe, der alten und kranken Menschen ihre Jugend wiedergeben könne. Diese Idee war gar nicht so abwegig. Wer viel badet, bleibt länger stark und gesund als andere. Dazu braucht man keinen verzauberten Brunnen. Normales sauberes Wasser hat eine ähnliche Wirkung."

„Du, Fee, wie kommt es denn, dass wir alle verschiedenen Farben haben? Warum bist du blau, Liz grün und ich hauptsächlich rot?" fragte Moana.

„Jeder Mensch ist anders, jeder Mensch hat sein eigenes Wesen, jeder hat sein eigenes Licht. Übrigens haben nicht nur Menschen so ein Lebenslicht, wie ihr gesehen habt. Auch Tiere und Pflanzen haben es. Ihr habt gerade selbst gesehen, dass auch die Bäume strahlen. Alles, was lebt, hat auch ein Lebenslicht. Deshalb tut es euch so gut, im Wald spazieren zu gehen. Bäume haben eine sehr wohltuende Kraft und geben sie gerne an euch weiter.

Jede Farbe hat eine besondere Bedeutung. Rot ist die Farbe der Lebenskraft. Viele Kinder haben viel rot in ihrem Licht. Sie sprühen über vor Lebenslust. Kindern fällt es viel schwerer still zu sitzen als Erwachsenen, weil sie einfach noch viel mehr Energie haben, die sie auch benutzen wollen. Kinder müssen rennen können und sich bewegen und der Lebenskraft Ausdruck verleihen.

Das Licht von Liz hat viel grün. Sie ist offen und neugierig und sie liebt die Natur. Das kann man an der Farbe ihres Lichts erkennen."

Moana unterbrach die Erläuterungen der Fee mit einem Seufzer. „Schade, dass wir das Licht nicht sehen können", sagte sie. „Dann könnten wir ja sofort sehen, wie jemand ist, ohne dass er etwas sagen muss."

„Das stimmt. Ihr könntet auch sofort sehen, ob jemand krank oder gesund, müde oder ausgeglichen ist. All das drückt sich auch in dem Lebenslicht aus. Wenn jemand krank ist, hat er Flecken oder Löcher in seinem Licht. Wenn jemand froh und stark und gesund ist, strahlt seine Energie rundherum gleichmäßig und vollständig."

Die Fee machte eine Handbewegung als würde sie nach etwas in den verborgenen Falten ihres Gewandes greifen, öffnete die Hand und hielt sie Liz und Moana hin. „Hier, nehmt das mit. Es wird euch auf eurem Weg behilflich sein."

„Der zweite Schlüssel!" rief Moana begeistert.

Liz nahm den Schlüssel entgegen und bedankte sich. Dieser sah anders aus, als der, den ihnen die Waldbewohner gegeben hatten. Er war aus einem silbrigblau schimmernden Metal, leichter und kleiner. Am oberen Ende war er rund. Eine kleine gläserne Scheibe war von dem Metall umrahmt. In das Metall war ein kleines Zeichen eingraviert:

☰

Auch Moana sah sich den Schlüssel genau an. Sie entdeckte die kleine Scheibe und fragte: „Ist das etwa auch eine Linse?"

„Ja, richtig. Hebt den Schlüssel gut auf. Ihr werdet ihn brauchen", erwiderte die Fee.

„Cool! Dann können wir jetzt immer sehen, wie unser Licht aussieht!" Moana war begeistert.

„Vielen Dank!" sagte Liz.

Jetzt wurde die Gestalt der Fee plötzlich durchsichtiger und sie sagte: „Es gibt für euch noch viel mehr zu erfahren. Seht ihr den Weg dort hinten?" Die Fee zeigte in westliche Richtung auf den Waldrand. Liz und Moana konnten erkennen, dass dort ein Weg in den Wald führte.

„Ja, ich sehe ihn", antwortete Liz. „Ich auch", sagte Moana.

„Folgt diesem Weg. Dort werdet ihr finden, was ihr sucht." Während die Fee sprach, löste sie sich immer weiter in blaues Licht auf. „Viel Glück!" „Danke, Fee", sagte Moana und starrte gebannt auf das Licht, das nun langsam auf den See hinaus schwebte und schließlich im Wasser versank. Sie sah zu Liz auf. Liz blickte immer noch zu der Stelle, wo die Fee verschwunden war. Dann seufzte sie als könnte sie nur schwer glauben, was sie gesehen hatte.

„Du, Liz, glaubst du das, was die Fee uns erzählt hat?" fragte sie.

„Ja, du hast doch das Licht gesehen. Und eigentlich sehen wir es doch schon die ganze Zeit. Ich meine, wir haben zwar keine Linse, aber uns fällt doch schon, seit wir hier sind, auf, dass die Bäume irgendwie strahlen. Vielleicht macht das diesen Wald hier so besonders. Er hat eine besondere Kraft. Aber das kennen wir doch auch aus unserem Wald. Wenn ich einen schönen alten Baum länger angucke, kommt es mir vor, als würde er strahlen. Kennst du das nicht?"

„Doch", erwiderte Moana, „ich glaube, ich weiß, was du meinst. Aber hier sehe ich es viel deutlicher. Wie kommt das?"

„Ich weiß nicht, was es mit diesem Wald auf sich hat. Es ist ein besonderer Ort. Irgendwie scheint hier alles eine magische Kraft zu haben. Es ist wirklich wie im Märchen. Aber auch die Geschichten von den Elfen und Pan waren für uns Märchen. Hier werden all diese Geschichten Wirklichkeit. - Komm, lass uns sehen, wie's weitergeht."

Liz griff nach ihrem Rucksack und setzte ihn sich auf den Rücken. Auch Moana hatte sich den Rucksack wieder aufgesetzt. Sie gingen am Ufer entlang auf den Weg zu, den ihnen die Fee gezeigt hatte. Bevor sie wieder in den Wald gingen, sah sich Moana noch einmal um und blickte auf den See hinaus. Dann rief sie: „Auf Wiedersehen, Fee. Hoffentlich sehen wir uns wieder!"

Der See lag still und friedlich. Nichts regte sich mehr. Aber Moana war sich sicher, dass die Fee sie gehört hatte. Sie griff nach Liz' Hand.

„Jetzt bin ich aber wirklich gespannt, wer uns als nächstes begegnet", sagte Liz.

Und sie gingen wieder in den Wald hinein, immer geradeaus.

Der Käfer

Sie waren schon eine Weile gegangen, als Moana plötzlich ein leises Stimmchen hörte. Sie blieb stehen und lauschte.

"Hörst du das?" fragte sie Liz.

Liz drehte sich zu ihr um und horchte. "Nein, ich höre nichts", antwortete sie. "Was hörst du denn?"

"Eine Stimme, ganz leise." Suchend sah sich Moana um. Ja, sie hörte es ganz deutlich, aber wo kam die Stimme her? Es musste ein sehr kleines Wesen sein. Sie ging ein paar Schritte zurück, vorsichtig, ohne Geräusche zu machen, damit sie der Stimme folgen konnte. Sie ging vom Weg ab in den Wald hinein. Dann hörte sie schließlich leise, aber deutlich jemanden schimpfen und ächzen.

"Das ist mein Pechtag. Immer habe ich so ein Pech! Warum muss immer mir so etwas passieren?!" Ächzende Laute folgten. "Donnerwetter! Jetzt hab ich aber genug! Ist denn niemand da, der mir auf die Beine hilft? Was ist das nur für ein Tag! - He, du da! Steh nicht so herum! Hilf mir lieber!"

Endlich entdeckte Moana vor ihren Füßen einen großen, dicken Käfer, der hilflos auf seinem Rücken lag und wild mit den Beinchen strampelte. Sie bückte sich zu dem Käfer herunter, nahm ihn vorsichtig hoch und setzte ihn richtig herum wieder auf den Boden. Kaum wieder auf den Beinen, machte sich der dicke Käfer auf den Weg. Er sah sich nicht einmal nach dem verblüfften Mädchen um, bedankte sich nicht und hatte nicht einmal bessere Laune.

Während er sich auf machte, einen kleinen Hügel zu erklimmen, grummelte er weiter vor sich hin. Das heißt, es war eigentlich kein richtiger Hügel, jedenfalls nicht für einen Menschen. Für Moana war es nicht mehr als ein kleiner Erdhaufen. Aber für den Käfer war es natürlich ein Hügel. Ein ziemlich steiler sogar. Mühsam ächzend versuchte er, sich hinauf zu kämpfen. Die Erde gab unter seinem Gestrampel nach und so rutschte er immer wieder ein Stück hinunter.

Dabei schimpfte er, was das Zeug hielt: "Himmeldonnerwetterpotzblitzdreitausend! Was ist das nur für ein Tag!"

Moana hatte sich auf den Boden gehockt und beobachtete ihn

dabei. Schließlich fragte sie: „Sag mal, wieso willst du eigentlich da rauf?"

„Hindernisse sind dazu da, überwunden zu werden", gab der Käfer grummelnd zurück ohne sich nach Moana umzudrehen.

„Soll ich dir helfen? Ich kann dich drüber heben", bot Moana an.

„Nein, danke. Ich schaffe das allein. Wäre doch gelacht! Natürlich schaffe ich das allein."

Kaum hatte er das gesagt, kippte er um, kullerte den Abhang hinunter und lag wieder auf dem Rücken.

Wütend strampelte und fluchte er.

„Was glotzt du so! Potz blitz! Hast du noch nie einen Käfer auf dem Rücken gesehen? Los, hilf mir auf die Füße!"

Moana nahm ihn noch einmal hoch, drehte ihn um und setzte ihn wieder auf die Beine. Der Käfer rannte sofort wieder los, den Hügel hinauf.

Inzwischen war Liz dazu gekommen und wollte sehen, was Moana da entdeckt hatte.

„Ich weiß, was ich tue!" schnauzte der Käfer. Stöhnend und fluchend kämpfte er sich aufwärts. Und es dauerte nicht lange, da kullerte er wieder hinunter und landete wieder auf dem Rücken.

Moana drehte ihn noch einmal herum und sagte: „Warum machst du dir nur das Leben so schwer? Was ist, wenn keiner mehr da ist, der dir wieder auf die Beine hilft? Dann musst du verhungern. Ich kann doch nicht den ganzen Tag hier sitzen und dich wieder auf die Füße setzen."

„Das hat ja auch niemand von dir erwartet. Oder habe ich dich vielleicht darum gebeten, häh? - Man kann sich heutzutage sowieso auf niemanden mehr verlassen", schimpfte der Käfer.

„Ein anständiger Käfer wie ich kommt sehr gut allein zurecht. Ihr werdet schon sehen!"

Und wieder rannte er den Hügel hinauf.

Langsam wurde Moana ungeduldig. Dieser Käfer war doch einfach zu duselig. Sie wollte ihm doch nur helfen, aber dafür wurde sie nun auch noch angeschnauzt.

Liz schaltete sich ein: „Lass ihn. Er wird schon allein zu Recht kommen."

„Aber es wäre doch viel einfacher für ihn, wenn ich ihm drüber helfe", antwortete Moana. „Warum stellt er sich bloß so an?"

„Wenn du ihm über dieses Hindernis hilfst, wird er losrennen und sich ein anderes suchen und das Spiel geht von vorne los."

„Aber er wird verhungern, wenn er wieder auf dem Rücken landet und ihm keiner aufhilft."

„Er wird es schon schaffen. Man kann keine Suppe für jemanden kochen, der keinen Hunger hat."

„Das verstehe ich nicht. Was meinst du damit?"

„Ich meine, du kannst jemandem nicht helfen, der keine Hilfe will. Lass ihn einfach."

Moana erhob sich und betrachtete den Käfer, wie er sich abstrampelte. Sie schüttelte den Kopf. Sie konnte wirklich nicht verstehen, warum sich jemand das Leben so schwer machen musste, wo er es doch auch leichter haben konnte.

Dann nahm sie Liz' Hand und sie gingen weiter ihres Weges.

Der Feuervogel

Der Weg führte sie immer weiter bergauf. Der weiche Waldboden machte einem steinigen Pfad Platz. Die Bäume lichteten sich und schließlich standen sie auf einem kleinen Felsplateau. Von dort oben hatten sie einen herrlichen Blick über den Wunderwald. Die Sonne stand schon ziemlich tief am Himmel. Es musste schon fast Abend sein.

Plötzlich sahen sie etwas sehr Merkwürdiges:

Ein großer, orangefarbener Vogel flog heran. Er war groß wie ein Schwan. Er hatte Zweige in seinem Schnabel und warf sie auf einen Haufen mit Ästen, die dort schon aufgeschichtet waren. Moana und Liz standen still und beobachteten den Vogel. Er sah schon ziemlich alt aus. Die Farben seiner Federn waren blass und an manchen Stellen war er ganz kahl. Was tat der Vogel dort? Baute er sich ein Nest?

Er zupfte mit seinem Schnabel die Äste zu Recht. Dann setzte er sich auf den Ästehaufen, reckte den Schnabel in die Höhe, stieß einen lauten, fremdartigen Schrei aus, so laut, dass Moana und Liz erschrocken zusammen zuckten und begann heftig mit den Flügeln zu schlagen.

Plötzlich, zu Moanas großem Entsetzen, fing der Holzhaufen Feuer. Blitzschnell breiteten sich die Flammen um den Vogel aus, doch er flog nicht davon. Er blieb sitzen und löste sich im Feuer auf. Der Rauch verbreitete einen aromatischen Duft, der nach Sandelholz roch. Das Feuer brannte schnell nieder, bald züngelten kleine Flämmchen und schließlich stieg nur noch Rauch auf. Moana und Liz starrten ungläubig auf den qualmenden Aschehaufen.

Da plötzlich sahen sie eine Bewegung, die Asche wirbelte auf. Sie trauten ihren Augen nicht. Im nächsten Augenblick sahen sie einen Vogel aus der Asche aufsteigen. Er war etwas kleiner, jung und nicht orange wie der, der eben verbrannt war, sondern sein Gefieder strahlte in kräftigen Rot- und Gelbtönen. Die gelben Federn schimmerten fast golden.

Er breitete seine großen Flügel aus, streckte sich und schwang die langen Schwanzfedern auf und ab. Dann begann er mit den Flügeln zu schlagen und erhob sich in die Lüfte. Liz und Moana sahen ihm erstaunt nach, bis er schließlich am Horizont verschwunden war.

„Was war denn das?" fragte Moana.

„Sieht so aus, als hätten wir gerade die Wiedergeburt von Phönix aus der Asche miterlebt", erwiderte Liz, die sichtlich beeindruckt zum Horizont blickte. „Von wem?" fragte Moana.

„Es gibt eine alte ägyptische Sage", erklärte Liz, „die von dem Feuervogel Phönix erzählt. Wenn er spürte, dass seine letzte Stunde nahte, übergab er sich dem Feuer und stieg dann aus seiner Asche wie neugeboren wieder empor. Phönix galt bei den Ägyptern als ein Zeichen für neue Hoffnung und neues Leben. Kennst du nicht den Spruch: ‚wie Phönix aus der Asche'?" fragte Liz.

„Doch, hab ich schon mal gehört. Aber ich hab nicht gewusst, was er bedeutet", erwiderte Moana.

„Na, jetzt weißt du es. Phönix ist der alte ägyptische Feuervogel." sagte Liz. „Allerdings bin ich überrascht, ihm hier bei uns zu begegnen. In diesem Wald. In unserem Jahrhundert. Dieser Mythos ist Jahrtausende alt."

„Eigentlich sollte euch hier nichts mehr erstaunen" zischelte hinter ihnen eine hohe Stimme. Moana und Liz drehten sich blitzschnell um. Wer hatte da zu ihnen gesprochen? - Niemand. Da war niemand.

Aber was war das? Eine kleine Flamme tanzte auf einem Fels. „Hallo! Hier unten. Könnt ihr mich nicht sehen?" Die Stimme kam aus der Flamme. Feuer, das sprechen konnte!

„Wer bist du?" fragte Liz.

„Ich habe viele Namen. Ich bin der Geist des Feuers. Ihr könnt mich Lichterloh nennen." Moana musste lachen und vergaß darüber ihr Erstaunen. Der Name passte zu dem Flämmchen, das da vor ihnen auf dem Fels herumhüpfte. Es veränderte immer wieder seine Form. Einen Moment war es wie eine schlanke Kerzenflamme, mal ein kleines züngelndes Feuerchen und schließlich wuchs es in die Höhe und sah aus wie ein zappelndes Männchen mit Zipfelmütze. In den Flammen glaubte Moana ein verschmitztes kleines Gesicht zu erkennen, das sie frech angrinste.

„Und wer seid ihr?" fragte die Stimme im Feuer zischend.
Diesmal begann Moana zu sprechen: „Das ist Liz, meine Freundin, und ich heiße Moana. Wir sind auf der Suche nach dem Geheimnis des Lebens. Die blaue Fee aus dem See hat uns auf diesen Weg geschickt.

Kannst du uns weiterhelfen?"

Das Zipfelmützmännchen schlug einen Purzelbaum und seine Stimme ertönte knisternd: „Aber ja, aber ja! Das ist eine Kleinigkeit. Ohne mich wäre euer Leben ganz schön trostlos hier auf Erden. Das müsst ihr zugeben. Ohne mich gäbe es kein Licht und keine Wärme bei euch."

„Das ist allerdings kein Geheimnis", meinte Liz.

„Stimmt. Kein Geheimnis. Es müsste überhaupt keine Geheimnisse geben, wenn ihr die Kräfte der Elemente besser verstehen würdet und sie zu einem Teil eures Lebens machtet, anstatt sie zu missbrauchen."

Jetzt ging Liz plötzlich ein Licht auf! Endlich erkannte sie klar den Zusammenhang. Alle Wesen, die ihnen begegnet waren, hatten ihnen etwas von einem der vier Elemente gezeigt. Odelin und die Waldbewohner hatten vom Leben, das aus der Erde kam, erzählt. Die Fee vom See über das Wasser. Und nun stand der Geist des Feuers vor ihnen. Natürlich! Die vier Elemente des Lebens: Erde, Wasser, Feuer, Luft!

Lichterloh sprach weiter: „Nein, das ist kein Geheimnis. Es ist euch so selbstverständlich geworden, dass ihr es gar nicht mehr zu schätzen wisst. Dennoch gibt es etwas, das ihr vergessen habt. Ihr habt vergessen, dass Feuer, so wie das Wasser auch, eine reinigende Kraft besitzt. Zwar übergebt ihr eure Toten dem Feuer, aber die Lebenden nicht."

„Das geht doch auch gar nicht!" protestierte Moana, die an den großen Vogel von eben denken musste. „Wir können doch nicht im Feuer baden."

Lichterloh flammte zu einem großen Feuer auf, so hoch, wie Liz groß war. Die Hitze der Flammen ließ die Beiden erschrocken zurückweichen. „He, was machst du da. Du verbrennst uns!" schrie Moana auf.

Lichterloh war nett und machte sich wieder klein. Wieder hüpfte er mit Zipfelmütze vor ihnen herum und grinste. „Wer sagt, dass ihr euch in die Flammen setzen sollt. Das ist gar nicht nötig. Meine Kraft ist groß. Sie reicht weiter als die Flammen. Hast du noch nie vor einem Holzfeuer gesessen und hast meine Kraft gespürt?" fragte er.

Liz wusste genau, wovon der Geist des Feuers sprach. Sie liebte es, in ihrem Kamin Feuer zu machen und stundenlang davor zu sitzen. Danach fühlte sie sich jedes Mal entspannt und klar. Diese Stunden der Muße waren ein fester Bestandteil ihres Lebens und sie würde sie auf keinen Fall missen wollen. Aber sie hatte nie bewusst darüber nachgedacht, was das Feuer tatsächlich bewirkte.

Die Wasserfee hatte sie durch die Linse sehen lassen, wodurch ihre Lebenskraft sichtbar geworden war. Sie hatten erfahren und schließlich sehen können, wie ihre Lebenskraft durch das Bad im Wasser kräftiger und erfrischt war. Ob Feuer auch so wirkte?

Sie fragte Lichterloh danach und der antwortete. „Genau so ist es. Die Kraft des Feuers stärkt eure Lebenskraft. Setzt euch ein paar Stunden ans Feuer und ihr werdet spüren, wie gut es euch tut."

„Was, jetzt? Sollen wir jetzt ein Feuer machen?" fragte Moana erstaunt.

„Was spricht dagegen? Ich dachte, ihr wollt etwas über das Geheimnis des Lebens erfahren. Wenn ihr es erfahren wollt, müsst ihr es ausprobieren", erwiderte der Feuergeist.

„Ich finde, das ist eine ausgezeichnete Idee", meinte Liz. „Komm, lass uns eine Feuerstelle bauen und Holz sammeln."

„Na gut", sagte Moana. Tatsächlich hatte sie nichts gegen eine Pause einzuwenden. Den ganzen Tag waren sie viel gelaufen. Füße und Beine taten ihr weh. Ja, warum nicht ein Feuer machen und ausruhen.

Sie half Liz, einen schönen Platz zu suchen. Sie entschieden sich für eine Stelle, die am Rande des Plateaus lag. Sie achteten darauf, dass sie möglichst weit vom Wald weg waren, damit fliegende Feuerfunken keinen Schaden anrichten und den Wald in Brand setzen konnten. Halb von Felsbrocken umgeben öffnete sich der Platz gegen Westen, wo sie einen weiten Blick über den Wald hatten und den Sonnenuntergang sehen konnten.

Liz machte sich daran, aus Steinen eine Feuerstelle zu bauen und Moana ging los, um Holz zu sammeln. Sie musste nicht weit laufen. Überall lagen Holzstöcke herum. Lichterloh begleitete sie und hopste fröhlich neben ihr her. Bald hatte sie einen stattlichen Holzhaufen zusammen getragen. Auch Liz war fertig mit der Feuerstelle und meinte:

„Weißt du was? Wir sollten hier übernachten. Wenn wir eine Weile am Feuer gesessen haben, wird es dunkel sein. Dann sehen wir sowieso nichts mehr."

„Das ist eine gute Idee. Ich mag auch nicht mehr laufen. Mir reicht's für heute", sagte Moana.

Sie gähnte und ließ sich auf dem Boden nieder. Sie zog ihre Decke aus dem Rucksack und machte es sich bequem. Dann fiel ihr der Schlüssel der Wasserfee wieder ein. Sie hatte ihn in ihre Tasche gesteckt. Sie kramte ihn hervor, sah durch die Linse und beobachtete Liz, wie sie das Holz aufschichtete. Durch die Linse konnte sie Liz' Lebenslicht deutlich sehen. Es war immer noch grünlich und wabberte um sie herum, aber es war nicht mehr ganz so strahlend wie nach dem Bad im See.

Wahrscheinlich war Liz auch müde von der Wanderei. Dann hielt sie die Linse auf Lichterloh, dass lustig um die Feuerstelle tanzte. Aber sein Licht war durch die Linse so hell, dass es furchtbar blendete. Schnell wand sie sich von ihm ab und betrachtete die Gegend um sich herum. Durch dieses Glas schienen sogar die Steine einen inneren Glanz zu haben.

Währenddessen kümmerte sich Liz um das Feuer. Sie brach zuerst ein paar dünne Zweige und legte sie in die Mitte der Feuerstelle. Dann stellte sie ein paar dickere Zweige und Äste drum herum auf, so dass es aussah, wie das Gerüst eines Indianerzeltes.

Lichterloh sah ihr zu und bemerkte anerkennend: „Wie ich sehe, weißt du, wie man Feuer macht. - Feuer braucht Luft, sonst kann es nicht brennen."

Liz nickte. „Ja, ich habe eine Feuerstelle zu Hause. Ich liebe es, davor zu sitzen. Egal, ob im Winter oder im Sommer."

Sie stand auf, ging ein paar Meter und holte eine Hand voll trockenes Gras. Aus ihrer Hosentasche kramte sie ein Päckchen Streichhölzer hervor. Sie zündete das Grasbüschel an und steckte es schnell in den Holzhaufen. Leise begann das Feuer zu knistern. Die dünnen Zweige brannten schnell und bald loderte ein schönes Feuer vor ihnen.

Lichterloh hopste begeistert auf und ab.

„Erzähl uns mehr vom Feuer", bat Liz als sie es sich gemütlich gemacht hatte.

Moana hatte Lichterloh gebannt zugehört, der viele Geschichten über das Feuer kannte, aber nun fielen ihr die Augen zu. Doch ehe sie einschlief, hörte sie über sich ein Geräusch und blickte zum Himmel. Über dem Schein des Feuers zog ein großer Vogel seine Kreise. Es war der Phönix.

Mit einem Mal ließ er einen lauten Schrei ertönen. Dann wandte er sich ab und verschwand in der Dunkelheit, die sich über den Wald gelegt hatte. Moana musste lächeln. Es war, als hätte der Vogel ihnen Gute Nacht gesagt. Sie blickte noch einmal zu Liz hinüber. Auch sie hatte den Phönix bemerkt.

Sie lächelten sich zu und dann schliefen sie friedlich ein.

Eine schlechte Nachricht

Am nächsten Morgen wurden Moana und Liz von den ersten Sonnenstrahlen geweckt. Das Feuer war längst ausgegangen. Moana reckte und streckte sich, gähnte ausgiebig und richtete sich auf. Liz lag noch entspannt auf ihrem Lager und lächelte sie an. Die Nacht am Feuer hatte ihnen beiden gut getan.

Moana blickte auf die Feuerstelle und erinnerte sich an den gestrigen Tag und an das, was der Feuergeist ihnen erzählt hatte. Da kam ihr eine Idee. Sie kramte den Schlüssel der Wasserfee aus ihrem Rucksack, hielt sich die kleine Linse vors Auge und sah zu Liz hinüber. Eine Weile betrachtete sie die Freundin ohne etwas zu sagen.

„Na, was siehst du?" fragte Liz schließlich.

„Ich sehe ein graubraunes Monster mit langen filzigen Haaren, scheußlichen Eckzähnen und schielenden gelben Augen", antwortete Moana mit unbewegter Miene.

„Wie bitte?" stieß Liz hervor und richtete sich mit gespieltem Entsetzen auf. "Ich glaube, du hast die falsche Brille auf!" sagte sie und sah Moana mit lustig gerunzelter Stirn an.

Da musste das Mädchen lachen und erwiderte: „War nur Spaß! Aber dein Licht hat sich verändert. Da ist immer noch viel Grün, aber es sieht noch strahlender aus als nach dem Bad bei der Wasserfee und es ist heller geworden. An manchen Stellen schimmert es türkis."

„Schade, dass es keine Spiegel gibt, mit denen man sein Lebenslicht selbst sehen kann. Ich würde mein Licht auch gern mal sehen", meinte Liz. „Gib mir doch mal die Linse. Ich möchte auch mal durchsehen", bat sie.

Moana reichte sie ihr. Liz nahm sie und betrachtete das Mädchen. „Du bist bunter geworden. Da ist immer noch viel Rot, aber ich sehe auch mehr gelb und ein bisschen türkis in deinem Licht. Und das weiße Licht über seinem Kopf erscheint mir größer. – Wie fühlst du dich?"

Moana überlegte. Sie fühlte sich wohl und ausgeruht. Sie hatte ja auch gut geschlafen. Sie konnte nichts Besonderes entdecken. Deshalb zuckte sie nur mit den Schultern und sagte: „Gut."

Dann sprang sie auf. Offensichtlich sprühte sie vor Unternehmungslust.

„Komm, lass uns einpacken und losgehen. Mal sehen, wer uns heute begegnet! – Welches Element fehlt uns noch?" fragte sie.

„Luft", antwortete Liz.

„Luft? – Wer könnte uns etwas über Luft erzählen?"

„Vielleicht der Wind", erwiderte Liz.

„Aber Wind kann doch nicht sprechen!" widersprach Moana.

„Da bin ich mir nicht so sicher. Hier scheint alles eine Stimme zu haben."

Da musste Moana ihr Recht geben. Dann fiel ihr plötzlich etwas ein: „He, wir brauchen doch noch den dritten Schlüssel! Oje! Lichterloh ist nicht mehr da. Wir haben vergessen ihn danach zu fragen."

„Vielleicht hat er ihn irgendwo hingelegt", überlegte Liz und sah sich suchend um. Moana machte sich daran, ihren Lagerplatz abzusuchen. Da sah sie etwas auf einem großen Stein glitzern.

„Ich hab ihn!" rief sie erfreut. Sie hob den glitzernden Gegenstand auf und betrachtete ihn.

Es war tatsächlich ein Schlüssel. Er war aus rötlichem Metall und hatte die gleiche Größe wie der Erd- und der Wasserschlüssel. Statt der Linse beim Wasserschlüssel befand sich bei diesem am Ende eine runde Scheibe, in die ein Zeichen eingraviert war:

☰

Der Schlüsselbart hatte die Form von züngelnden Flammen. Moana betrachtete den Schlüssel eingehend wie einen kleinen Schatz und ging zu Liz, um ihn ihr zu zeigen.

Liz nahm ihn und sah ihn sich gleichfalls genau an. „Ich denke, wir können uns sehr geehrt fühlen, dass die Waldwesen so viel Vertrauen zu uns haben. Wir sollten zusehen, dass wir sie nicht enttäuschen", sagte Liz nachdenklich.

Bis jetzt war ihr alles sehr einfach erschienen. War es wirklich so leicht, das Geheimnis des Lebens zu finden? – Wenn es so einfach war, warum war es dann ein Geheimnis? – Unbestimmte Zweifel stiegen in ihr auf.

Doch dann gab sie sich einen Ruck, erhob sich und machte sich daran, Proviant für ihr Frühstück auszupacken. Da waren noch die Äpfel von Odelin, Brot und Wasser. Sie hatte ihre Flaschen an einer Wasserquelle auffüllen können. Sie nahm etwas davon für eine Katzenwäsche und erinnerte sich an das erfrischende Bad im See.

„Wir sollten uns unbedingt nach einer Wasserstelle umsehen. Ich sehne mich nach einem Bad", sagte sie zu Moana.

„Au ja, schwimmen gehen! Eine Superidee! - Aber der See ist doch soweit weg. Da müssen wir ja den halben Tag laufen", fiel ihr dann enttäuscht ein.

„Vielleicht finden wir ja eine andere Bademöglichkeit", meinte Liz.

Mit großem Appetit machten sie sich über ihr Frühstück her. Da hörten sie unten aus dem Wald ein paar aufgeregte Stimmen. Sie kamen näher.

Moana und Liz saßen auf dem Felsplateau und konnten nicht sehen, wer es war. Doch bald darauf erschienen hinter den Felsen zwei kleine Köpfe mit struppigem braunem Haar. Mühsam kamen zwei knubbelige kleine Wesen über die Felsen geklettert.

„Schau mal! Die sehen ja aus wie Odelin!" rief Moana überrascht. „Stimmt. Bestimmt kommen sie von den Erdelingen", erwiderte Liz.

Die kleinen Erdbewohner blinzelten in der Sonne und sahen sich um. Da erblickte einer von ihnen Moana und Liz und rief erfreut: "Da sind sie! Da sind sie! Wir haben sie gefunden!" Und schon hüpften sie, so schnell ihre kurzen Beine sie trugen, zum Lagerplatz. Liz und Moana sahen sich erstaunt an. Sie bekamen wohl Besuch.

Als die Erdelinge näher genommen waren, erkannte Moana, dass es ein Mädchen und ein Junge waren. Die beiden hatten, genau wie Odelin, olivefarbene Haut und große Augen, nur beim einen waren sie grün und beim anderen braun. Sie hatten auch so große Ohren und struppiges Haar wie er. Das Mädchen trug es länger und hinten zu einem Pferdeschwanz zusammen gebunden. Sie hatten Hemden und Hosen aus grobem Leinen an. Atemlos machten die Erdkinder vor Moana und Liz halt und starrten sie verwundert mit offenen Mündern an. Wahrscheinlich hatten sie noch nie Menschen gesehen.

Liz sprach sie an. „Guten Morgen. Habt ihr uns gesucht?"

Das Mädchen fand als erstes seine Sprache wieder: „Ja, wenn ihr die Leute seid, die das Geheimnis des Lebens suchen."

„Sind wir." bestätigte Moana.

Dann begann der Junge zu sprechen: „Odelin schickt uns. Er hat sich gedacht, dass ihr hier seid. Wir haben schlechte Nachrichten für euch." sagte er.

„Und wir sind so schnell gelaufen, wie wir konnten!" fiel das Mädchen aufgeregt ein.

„Was ist denn los? Was gibt es denn?" fragte Liz

Der Junge fuhr fort und seine Stimme überschlug sich fast vor Aufregung: „Schurken! Da sind zwei Menschenschurken im Wald!"

„Ja, zwei Menschenschurken!" wiederholte das Mädchen hastig.

„Wir haben sie gesehen. Sie wollen das Geheimnis des Lebens stehlen! Das haben sie gesagt. Ich hab es genau gehört!" Das Mädchen nickte heftig, um ihren Worten mehr Ausdruck zu verleihen.

Liz und Moana warfen sich einen beunruhigten Blick zu. Und Moana fragte zweifelnd: „Aber wie kann das sein? Die Elfe hat doch gesagt, dass nur Menschen mit offenem Herzen in den Wunderwald finden. Wie kommen dann Schurken hierher?"

„Sie haben so ein Zauberding. So einen schwarzen Kasten mit einem langen Stab dran. Damit haben sie den Eingang gefunden", rief der Junge empört.

„Ja, sie sind hier einfach eingedrungen. Das dürfen sie gar nicht, aber sie haben es trotzdem gemacht. Keiner versteht, wie sie das geschafft haben mit diesem komischen Kasten. Aber jetzt sind sie da und wollen das Geheimnis stehlen", bestätigte das Mädchen. Ihre großen grünen Augen wanderten erschrocken zwischen Liz und Moana hin und her.

„Odelin hat gesagt, wir sollen euch warnen", erklärte der Junge weiter.

„Das Geheimnis stehlen? Das können sie doch gar nicht", überlegte Liz. „Dazu brauchen sie doch die Schlüssel. Ohne die geht es ja wohl nicht. Und drei davon haben wir inzwischen. Außerdem hat uns Lilu doch erklärt, dass man das Geheimnis des Lebens nur findet, wenn man sich erinnert und wenn man die Erfahrung damit selbst macht."

„Das stimmt!" bestätigte das Mädchen. „Und die beiden Schurken wissen das gar nicht, glaub ich. Sie suchen gar nicht nach den Schlüsseln. Ich habe gehört, dass sie einen Ort suchen. Sie denken wohl, dass das Geheimnis irgendwo versteckt ist und man es einfach mitnehmen kann."

„Na ja, dann werden sie ja nicht weit kommen", versuchte Liz die aufgeregten Kinder zu beruhigen.

„Aber sie können im Wald Schaden anrichten", empörte sich der Junge.

„Genau! Sie können uns nämlich nicht sehen und ein paar von den kleinen Waldgeistern hätten sie fast zertreten", fügte das Mädchen hinzu.

„Außerdem haben sie es ja immerhin geschafft, hierher zu kommen. Wer weiß, was sie hier alles anstellen", meinte der Junge besorgt. „Und dieses Zauberding ist ganz schön unheimlich. Ein paar Elfen haben sich die Schurken aus der Nähe ansehen wollen und ihnen ist ganz schwindelig geworden als sie in die Nähe von diesem Kasten gekommen sind."

„Ja, dieses Ding bringt alles durcheinander!"

Moana wurde ziemlich mulmig zumute. Sie hatte den Erdkindern beklommen zugehört und sah jetzt besorgt zu Liz auf. Zuerst dieses Erdbeben, das sie im Lauf der letzten Ereignisse fast vergessen hatte, und jetzt diese Schurken...

„Jedenfalls müsst ihr euch vor denen hüten!" sprach das Mädchen weiter. „Sie dürfen auf keinen Fall die Schlüssel in die Finger bekommen."

„Nein, auf keinen Fall!" wiederholte der Junge.

„Da macht euch mal keine Sorgen. Wir passen gut auf die Schlüssel auf. Die nimmt uns keiner weg", erwiderte Liz

„Was machen wir denn jetzt?" fragte Moana kleinlaut

„Ja, was machen wir?" fragte auch das Erdmädchen. „Die Kerle müssen unbedingt wieder aus dem Wald verschwinden!"

„Wisst ihr denn, wo sie sich jetzt aufhalten?" fragte Liz.

„Ziemlich weit weg von hier. Vor Morgengrauen haben wir sie nicht sehr weit von unserer Höhle entdeckt. Gott sei Dank können wir unterirdische Gänge benutzen und konnten so den Weg zu euch abkürzen."

Liz überlegte eine Weile, dann sagte sie: „Habt keine Angst! Es sind doch nur zwei Kerle. Und hier im Wald sind viele. Wenn wir alle zusammenhalten, haben die doch gar keine Chance. Außerdem werden sie bestimmt von alleine verschwinden, wenn sie nicht finden, was sie suchen."

Der Gedanke beruhigte Moana ein bisschen. Liz hatte Recht. Sie hatten jetzt schon so viele Freunde im Wald. Die würden ihnen bestimmt helfen. Trotzdem dachte sie zum ersten Mal daran, seit sie hier war, dass es schön wäre, wieder nach Hause zu gehen. Ob ihre Mutter sich schon wunderte, dass sie sich noch gar nicht gemeldet hatte?

Dann schüttelte sie die Gedanken ab. Sie konnte jetzt nicht einfach weglaufen, nur weil es schwierig werden könnte. Sie wollte das Geheimnis mit Liz finden. Unbedingt! Liz schien der gleichen Meinung zu sein.

Entschlossen sagte sie: „Komm, Moana, lass uns aufbrechen. Wir haben keine Zeit zu verlieren." Moana wandte sich an die Erdkinder: "Wir suchen jemanden, der uns was über die Luft erzählt. Wisst ihr, wen wir fragen können und wie wir ihn finden?" Das Erdmädchen antwortete flink: „Du meinst bestimmt Vater Wind. Der weiß alles über die Luft."

„Wo finden wir den?" wollte Moana wissen.

Der Junge lachte. „Du stellst Fragen! Der ist doch überall. Ihr müsst dafür sorgen, dass er euch findet."

„Wie machen wir das?" fragte Liz weiter.

„Das ist ganz einfach", erwiderte das Mädchen und erklärte: „Ihr müsst einfach die Augen zu machen und sieben Mal tief ein- und ausatmen. Dann stellt ihr euch Vater Wind vor und schickt diesen Gedanken in den Himmel. Und dann ist er auch schon da."

Moana runzelte die Stirn. Sie fand das nicht einfach. „Wie soll ich mir denn jemanden vorstellen, wenn ich nicht weiß, wie er aussieht?" fragte sie.

Jetzt sahen die Erdelinge Moana erstaunt an.

„Wie, du weißt nicht, wie Vater Wind aussieht? Hast du ihn noch nie durch die Baumkronen wehen sehen?" fragte das Mädchen.

„Nein, das kann man doch nicht sehen! Man sieht die Bäume rauschen, aber doch nicht den Wind wehen", erwiderte Moana.

„Erinnerst du dich wenigstens, wie es sich anfühlt, wenn der Wind dir ins Gesicht weht?" fragte das Mädchen, erstaunt über das Menschenkind. (Wozu hatte sie Augen, wenn sie damit nicht sehen konnte?)

Als Moana nickte, fuhr sie fort: „Na, wunderbar. Dann schick einfach diese Erinnerung in den Himmel. Das geht auch."

„Und das soll funktionieren? Woher weiß denn Vater Wind, dass ich das tue?" zweifelte Moana.

„Oh Mann, weißt du denn gar nichts?" Der kleine Erdjunge wurde langsam ungeduldig. Dieses Menschenmädchen schien die einfachsten Dinge nicht zu verstehen. Was lernen die in ihren Schulen bloß, fragte er sich.

Das Erdmädchen setzte, geduldiger als ihr Bruder, zu einer Erklärung an: „Gedanken sind wie der Wind. Sie fliegen überall herum. Wenn du deine Gedanken direkt zu jemanden schickst, kann er sie auffangen."

„Jetzt weiß ich auch, warum ihr hier kein Telefon braucht", stellte Liz beeindruckt fest. „Schade, dass das in unserer Welt nicht auch so einfach funktioniert."

Der Erdjunge war nun wirklich am Rand seiner Geduld angelangt. Da liefen zwei Menschenschurken durch den Wald und machten die Gegend unsicher und dann mussten sie hier ihre kostbare Zeit verschwenden, die einfachsten Dinge des täglichen Lebens zu erklären. Seine Aufregung wich dem Ärger.

„Die Menschen könnten das auch. Vielleicht könntet ihr es nicht so gut wie wir", und bei diesen Worten wuchs er mindestens einen Zentimeter. „Aber es könnte funktionieren, wenn ihr nicht nur eure beschränkten fünf Sinnesorgane dazu benutzen würdet, die Welt zu verstehen. So versteht ihr nämlich gar nichts."

„Jetzt ist es aber genug, Udin!", wies das Mädchen ihren Bruder zurecht. „Hör auf, sie zu beleidigen. Immerhin geben die Beiden sich große Mühe, es besser zu machen." Dann wandte sie sich an Liz und Moana: „Ihr solltet einen anderen Ort suchen, wenn ihr mit Vater Wind sprechen wollt. Hier oben könnte das ungemütlich werden. Der alte Herr ist gelegentlich ganz schön in Pustestimmung."

„Was meinst du, wohin sollte wir gehen?" fragte Liz, die begonnen hatte, ihre Sachen zusammenzupacken und den Lagerplatz aufzuräumen.

„Am Fuß des Hügels gibt es eine kleine Quelle, die unter einem großen Felsen entspringt. Der Bach führt einen Weg entlang. Folgt dem Weg, dann findet ihr bald einen geschützten Ort. Da seid ihr sicher", erwiderte das Mädchen.

„Wieso sicher?" fragte Moana beunruhigt. „Ist Vater Wind denn gefährlich?"

„Nein, das nicht", antwortete das Mädchen. „Jedenfalls nicht, wenn ihr ihm wohl gesonnen seid. Er vergisst nur manchmal, dass Dinge wegfliegen können, wenn er sie zu doll anpustet."

Liz war mit dem einpacken fast fertig und bemerkte, dass sich Moana mit säuerlicher Miene auf einen Stein gesetzt hatte und keine Anstalten machte, ihren Lagerplatz aufzuräumen.

„Was ist mit dir? Willst du hier Wurzeln schlagen? Du hast doch gehört. Wir müssen uns auf den Weg machen."

Aber Moana war die Abenteuerlust gänzlich vergangen. Zuerst das Erdbeben, dann diese Kerle, von denen sie nicht wussten, ob sie gefährlich waren, und jetzt sollten sie noch den Wind persönlich suchen. Dabei mochte sie Wind nicht. Sie hatte ihn nie gemocht. Er brachte alles durcheinander und zerrte an einem, wenn man draußen herumlief. Nein, sie wollte ihn nicht suchen. Auch nicht an einem geschützten Ort.

Sie wollte jetzt endlich nach Hause. Aber sie traute sich nicht, das zu sagen. Dann würde dieser ärgerliche kleine Erdeling sicher noch mehr mit ihr schimpfen. Und Liz wäre sicher auch enttäuscht von ihr, wenn sie jetzt klein beigab. So blieb sie auf dem Stein sitzen, sagte nichts und schmollte.

Udin hatte es jetzt satt. „Komm, wir gehen. Wir haben genug herum geredet", sagte er zu seiner Schwester. Er machte auf dem Absatz kehrt und stapfte ärgerlich auf den Wald zu.

Das Erdmädchen sah Liz an und zuckte mit den Schultern. „Tut mir leid, er kann ziemlich aufbrausend sein. Ihr müsst vor Vater Wind keine Angst haben. Er ist ein bisschen streng, aber sonst ganz in Ordnung. Und bestimmt wird er euch alle Fragen beantworten. Macht euch keine Sorgen."

„Danke für deine Hilfe", antwortete Liz, die sich keine Sorgen machte. Sie verabschiedeten sich und das Mädchen folgte ihrem Bruder eilig in den Wald.

Liz sah Moana an, die auf den Boden starrte und mit ihrem Fuß im Sand scharrte. Es tat ihr leid, dass ihrer kleinen Freundin der Spaß an ihrem Abenteuer offensichtlich vergangen war. Sie wollte sie irgendwie wieder aufmuntern.

Sie fühlte die drei Schlüssel in ihrer Jackentasche und zog sie heraus. Sie nahm den Schlüssel der Wasserfee in die Hand, hielt sich die Linse vors Auge und sah Moana an.

Überrascht stellte sie fest, dass Moanas Licht viel kleiner geworden war. Es war längst nicht mehr so strahlend wie noch eben nach dem Aufstehen. Wie hatte sich das so schnell verändern können?

Liz dachte darüber nach. Moana saß auf ihrem Stein und sah aus wie ein Häufchen Elend. Auch ohne Linse konnte man leicht erkennen, dass es ihr nicht mehr so gut ging wie vorhin, bevor sie die Erdbewohner getroffen hatten.

Was die Erdelingkinder ihnen erzählt hatten, hatte Moana Angst gemacht. Sicher war ihr die ganze Geschichte nicht mehr geheuer. Und sicher hatte ihr die Angst eine Menge Kraft geraubt. Das leuchtete ein. Irgendwie musste sie Moana dazu bringen, wieder Mut zu haben. Sie hielt dem Mädchen die Schlüssel hin. „Hier, willst du sie nehmen?"

Moana schüttelte den Kopf ohne aufzublicken. Liz seufzte. Da Moana sich nicht rührte, packte Liz auch ihre Sachen zusammen und redete ihr dabei gut zu: „Hast du vergessen, was wir uns vorgenommen haben? Wir wollen doch das Geheimnis des Lebens finden. Interessiert dich das gar nicht mehr? Drei Schlüssel haben wir schon. Wir brauchen nur noch einen. Bist du nicht gespannt, was wir dann entdecken? Ich schon! Von diesen Typen lassen wir uns doch nicht abschrecken! Das wäre ja noch schöner!"

Moana sah Liz zweifelnd von der Seite an. Es war deutlich zu sehen, dass widersprüchliche Gefühle in ihr arbeiteten. Das Interesse am Geheimnis des Lebens schien sie doch noch nicht ganz verloren zu haben. „Vielleicht treffen wir Lilu. Bestimmt hat sich die Sache mit den Kerlen längst im Wald herumgesprochen", fuhr Liz fort. „Vielleicht sucht sie uns schon."

Da blickte Moana endlich auf und sah ihre Freundin mit großen Augen an. Stimmt! Lilu! Ihre Elfenfreundin wollte sie unbedingt noch mal sehen, bevor sie sich auf den Weg nach Hause machte. Da stand sie auf und nahm Liz den gepackten Rucksack ab.

Sie setzte ihn sich auf und nahm Liz' Hand. Die warme kräftige Hand machte ihr Mut. Vielleicht lohnte es sich doch zu hören, was Vater Wind zu sagen hatte. Und vielleicht trafen sie vorher Lilu wieder.

    So machten sie sich auf den Weg in den Wald, immer geradeaus.

Vater Wind

Moana und Liz hatten den Ort, von dem das Erdmädchen erzählt hatte, leicht gefunden. Sie waren vom Felsplateau herunter geklettert, hatten schnell die Quelle gefunden und waren dem Bach gefolgt. Sie mussten eine ganze Weile laufen und schließlich kamen sie an einen Ort, wo ein paar Felsbrocken herum lagen und dahinter eine Gruppe von Nadelbäumen dicht bei einander standen. Das musste der geschützte Ort sein. Dahinter entdeckten sie eine kleine Wasserstelle, wo sich der Bach staute. Liz schlug vor, erst einmal ein Bad zu nehmen. Das würde dem Mädchen gut tun.

Moana war auf dem Weg sehr still gewesen. Sie hatte sich vorgenommen tapfer zu sein, aber wohl fühlte sie sich nicht in ihrer Haut. Doch die Aussicht auf ein erfrischendes Bad machte sie munter. Sie legten ihre Kleider ab und sprangen ins Wasser. Es war kühler als der See der Wasserfee, aber auch klarer. Man konnte jeden Stein auf dem Grund sehen und Moana machte sich schließlich einen Spaß daraus zu tauchen und Steine heraufzuholen. Damit war sie eine Zeit lang so beschäftigt, dass sie ihr Vorhaben und die Schurken völlig vergaß.

Liz ließ sich entspannt im Wasser treiben, beobachtete Moana, bewunderte die hübschen Steine, die Moana vom Grund holte und freute sich, dass das Mädchen wieder gute Laune hatte. Nach dem Bad würde sie zuversichtlicher sein und auch mit schwierigen Situationen besser zu Recht kommen.

Sie blieben lange in dem kleinen Tümpel und sie wären am liebsten noch länger geblieben, aber dann wurde ihnen kalt. Sie stiegen aus dem Wasser und ließen sich von der Sonne aufwärmen. Als Liz sich anzog, fühlte sie die Schlüssel in ihrer Tasche. Sie zog den Wasserschlüssel heraus und sah noch einmal durch die Linse. Moana war auch wieder angezogen und hatte ein paar Himbeerbüsche entdeckt. Mit großem Appetit machte sie sich daran, die Beeren zu pflücken.

„Willst du auch welche?" rief sie Liz zu und sah, dass die Freundin sie durch die Linse betrachtete.

„Ja, gern", antwortete Liz.

„Wie sehe ich aus?" fragte Moana weiter.

„Schön und strahlend", gab Liz zurück. Es faszinierte sie zu sehen, dass Moanas Licht wieder viel leuchtender war. Das Spielen im Wasser hatte ihr sichtlich gut getan.

Moana kam zu ihr gerannt, die Hände voll dicker Himbeeren. „Guck dir das an!" rief sie begeistert. „Diese dicken Himbeeren! Hast du so was schon mal gesehen? Und die schmecken!"

Liz nahm ein paar Beeren und ließ sie sich langsam auf der Zunge zergehen. Sie schmeckten wirklich köstlich. Als sie alle aufgegessen hatten, erinnerte Liz Moana daran, warum sie hergekommen waren: „Wir sollten jetzt den Wind rufen. Bist du bereit?" Moanas Gesicht wurde ernst.

Sie zögerte. Aber dann fasste sie sich ein Herz und sagte: „Na gut, lass es uns versuchen." Je schneller sie es hinter sich hatten, desto besser. Außerdem waren doch bis jetzt alle Wesen des Waldes nett zu ihnen gewesen. Und sehr hilfsbereit. Sicher würde ihnen Vater Wind auch weiterhelfen.

Liz und Moana gingen zu den Felsen und überlegten, von wo aus sie den Wind rufen sollten. Sie entschieden sich dafür, sich auf einen großen Stein zu setzen, der auf der einen Seite von Felsbrocken umgeben war, die groß genug waren, um ihnen Schutz zu bieten. Dieser Platz war schön windgeschützt. Man konnte ja nicht wissen, wie Vater Wind um sich blies.

„Weißt du noch, wie es geht?" fragte Liz

„Ja, sieben Mal tief durchatmen, sich den Wind vorstellen und den Gedanken in den Himmel schicken", antwortete Moana mit hörbarem Zweifel in der Stimme. Sie war sich immer noch nicht sicher, wie sie sich den Wind vorstellen sollte. Liz schien damit keine Probleme zu haben.

„Genau, probieren wir's", antwortete sie gelassen. Sie setzten sich bequem zurecht, schlossen die Augen und atmeten sieben Mal tief durch, jede für sich. Dann stellte sich Moana einen kleinen Wirbelwind vor, der Erde und Staub aufwirbelte, langsam in die Höhe stieg und dann im blauen Himmel verschwand. Es war einfacher als sie dachte. – Nichts rührte sich.

Neben sich hörte sie Liz tief und gleichmäßig atmen. „Lieber Vater Wind, bitte komm und hilf uns!" bat sie im Stillen. Denn vielleicht war ihr Gedanke ja doch nicht bei ihm angekommen. Plötzlich hörte sie die Baumkronen im Wind rauschen. Zuerst war das Geräusch weit entfernt, aber es kam immer näher. Dann blies ihr eine leichte Brise ins Gesicht. Moana öffnete die Augen. Vor ihr stand ein großer uralt aussehender Mann mit langen weißen Haaren und langem weißen Bart.

Er war nicht aus Fleisch und Blut, er sah vielmehr aus, als sei er aus Nebel gemacht. Haare und Bart flatterten als stünde er vor einem Ventilator. Um ihn herum tanzten die heruntergefallenen Blätter auf dem Boden. Moana stellte erleichtert fest, dass Vater Wind zwar ernst, aber nicht Furcht erregend aussah. Da ertönte seine tiefe Stimme: „Ihr habt mich gerufen!"

Liz antwortete: „Ja, danke, dass Ihr gekommen seid. Wir suchen nach dem Geheimnis des Lebens. Könnt Ihr uns weiterhelfen?"

„Gern. Was möchtet ihr wissen?" antwortete Vater Wind.

Moana sah, wie der alte Mann seine durchsichtigen Lippen bewegte, aber seine Stimme schien von überall her zu kommen. Fasziniert beobachtete sie ihn, während Liz weiter mit ihm sprach.

„Viele andere Bewohner des Waldes haben uns von den besonderen Kräften der Erde, des Wassers und des Feuers erzählt. Wir haben viel darüber gelernt. Ihr seid der Meister der Lüfte, nicht wahr? Könnt Ihr uns von der Luft erzählen?"

Einen Moment stand Vater Wind leise vor sich hin rauschend da und sah von einer zur anderen. Moana betrachtete ihn gebannt. Warum antwortete er nicht? Hatte er Liz nicht verstanden?

Plötzlich regte er sich. Seine Gestalt schien zu verschwimmen. Da gab es auf einmal einen Windstoß und der alte Mann war verschwunden. Statt seiner erschien ein riesiges dunkles Wolkengesicht mit großen dunklen Augen und einem großen hässlichen Mund. Es bewegte sich auf die beiden zu. Kurz vor Moana machte es halt und schien sie direkt anzusehen.

Das Gesicht wabberte und heftiger Wind blies drum herum. Moana bekam es mit der Angst zu tun. Sie drückte sich an die Felswand und hielt vor Schreck den Atem an. Das Gesicht starrte sie weiter an und schien sich immer weiter aufzublasen. Moana fühlte große Angst in sich aufsteigen. Da ertönte die ruhige tiefe Stimme von Vater Wind aus der Wolke: „Sag mir Kind, was tust du?"

„Nichts! Ich tue nichts!" rief Moana verzweifelt.

„Das ist es", antwortete die Stimme. „Du tust nichts. Du atmest nicht. – Was fühlst du?"

„Ich habe Angst" antwortete Moana. „Genau. Du hast Angst. Und jetzt atme, Kind."

Moana bemerkte, dass ihr vor Angst wirklich die Luft weggeblieben war. Ihr Herz schlug ihr bis zum Hals und sie fühlte, dass ihr langsam mulmig in der Magengegend wurde. Die ruhige Stimme veranlasste sie dazu, tief Luft zu holen. Sie atmete ein paar Mal tief durch. Das tat gut. Ihr Herzschlag beruhigte sich langsam wieder. Mit ihrer Angst schien auch das Gesicht zu schrumpfen. Dann gab es noch mal einen Windstoß und die Nebelgestalt des alten Mannes stand wieder vor ihnen.

„So ist es besser", sagte er, als Moana ihn wieder ohne Angst ansehen konnte. „Was denkst du, was ist passiert?" fragte er das Mädchen.

„Du hast dich plötzlich in ein scheußliches Gesicht verwandelt und da hab ich Angst gekriegt", erwiderte Moana.

„Und was hast du gemacht?" fragte Vater Wind weiter.

„Ich hab nicht mehr richtig geatmet und mein Herz hat wie wild angefangen zu schlagen", sagte Moana.

„Und hat dir das geholfen, nicht zu atmen?"

„Nein, ich hab noch mehr Angst bekommen", besann sich Moana.

„Was ist passiert, als du wieder durchgeatmet hast?" fragte der Wind hartnäckig weiter.

„Es hat gut getan", erinnerte sich das Mädchen.

„Also, was machst du das nächste Mal, wenn du Angst hast?"

„Ich versuche, weiter zu atmen", antwortet Moana, die zu verstehen begann, was der alte Mann ihr sagen wollte. Liz hatte gespannt zugesehen und ihr war aufgefallen, dass sie selbst auch einen Moment das Atmen vergessen hatte als Vater Wind sich in das Wolkengesicht verwandelt hatte.

„Dann hast du ja das wichtigste Geheimnis der Luft schon verstanden", sagte der Wind und seine Stimme klang jetzt viel freundlicher.

„Atmen bedeutet nicht nur Luft einsaugen. Atmen bedeutet auch Fühlen. Wenn ihr etwas nicht fühlen wollt, z.B. wenn ihr Angst habt, haltet ihr die Luft an. Aber das hilft euch nicht weiter. Es verursacht euch noch mehr Unbehagen, weil ihr euch die Kraft raubt. Wenn ihr atmet, bekommt ihr nicht nur Luft, sondern auch Kraft. Das hilft euch, mit der Angst fertig zu werden. Und mit allem, was euch im Leben begegnet."

Moana sah ihn erstaunt an. Sie hatte über das Atmen noch nie nachgedacht. Man tut es eben einfach. Muss man ja. Es war ihr noch nie aufgefallen, dass sich ihr Atem veränderte, wenn sie sich unwohl fühlte.

Aber eine Sache verstand sie noch nicht so recht. Sie fragte den alten Mann: „Was meinen Sie damit: ‚Atmen bedeutet Fühlen'?"

Vater Wind antwortete: „Du kannst dir das, was du fühlst, wie eine fließende Kraft vorstellen. Der Atem sorgt dafür, dass diese Kraft immer weiter fließt. Wenn du nicht richtig atmest, kann diese Kraft nicht mehr so gut fließen und du fängst an, dich unwohl zu fühlen. Oder wenig zu fühlen. Wer wenig fühlt, ist nicht wirklich lebendig."

Moana fing an zu blinzeln. Löste sich Vater Wind schon wieder auf oder kam ihr das nur so vor? Seine Umrisse schienen von neuem zu verwehen. Doch seine Stimme klang klar und deutlich aus den nebeligen

Schwaden heraus: „In eurem Körper ist so viel mehr Platz für Luft als ihr hereinlasst."

Liz wusste wohl, dass richtiges Atmen wichtig war, aber sie hatte sich wenig damit beschäftigt. Sie fragte: „Sag uns doch bitte, wie wir lernen können, die Kraft der Luft besser zu nutzen."

„Lasst die Luft hinein in euren Körper. Damit lasst ihr auch Kraft hinein. Lasst euch fühlen! Lasst euch lebendig sein! - Probiert es aus. Spielt mit eurem Atem. Ihr wisst, wie es geht. Ihr müsst nur lernen euch besser zu beobachten und so zu atmen, wie es sich am besten anfühlt. Je tiefer, desto besser."

Ein Rauschen ertönte aus den Baumkronen. Die Gestalt des alten Mannes verschwamm nun gänzlich bis Moana und Liz nur noch wirbelnde Luft spürten. Die Nebelschwaden stiegen auf und verzogen sich. Da fiel wie aus dem Himmel etwas klirrend zu Boden und die Stimme von Vater Wind ertönte zum letzten Mal: „Verliert keine Zeit. Macht euch auf den Weg!" Noch ein letztes Rauschen, dann wurde es still um die Beiden.

Moana ahnte schon, was da herunter gefallen war und sie rief begeistert: „Der vierte Schlüssel!" Sie sprang vom Felsen und hob den Gegenstand auf. Tatsächlich. Der Schlüssel!

Dieser sah wieder anders aus als die anderen, aber er hatte die gleiche Größe. Er war durchsichtig, wie aus Glas. Innen sah man Nebelschwaden sich bewegen. Der Bart war eckig und das andere Ende rund. Auch dort war ein Zeichen eingraviert:

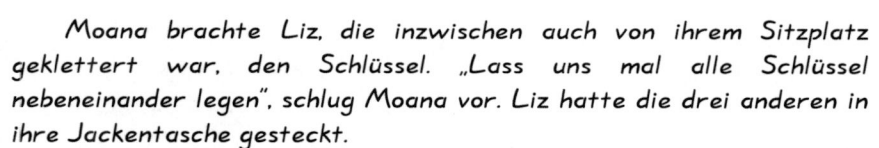

☰

Moana brachte Liz, die inzwischen auch von ihrem Sitzplatz geklettert war, den Schlüssel. „Lass uns mal alle Schlüssel nebeneinander legen", schlug Moana vor. Liz hatte die drei anderen in ihre Jackentasche gesteckt.

Sie nahm sie heraus und legte sie vor sich auf einen flachen Stein. Moana legte den Luftschlüssel daneben. Da lagen sie vor ihnen, alle vier Schlüssel. Und jedem sah man sofort an, zu welchem Element er gehörte: Der hölzerne zur Erde, der silbrige zum Wasser, der kupferfarbene zum Feuer und der durchsichtige zur Luft.

Moana und Liz standen einen Moment andächtig vor ihrem kleinen Schatz. Wie schön sie anzusehen waren! Als sie dort alle zusammen lagen, erschienen sie wie ein kleines Meisterwerk. Wer hatte die Schlüssel wohl gemacht, fragte sich Liz und wie ging es jetzt weiter?

Moana schien ähnliche Gedanken zu haben. Sie fragte: „Wie finden wir denn jetzt den Ort, zu dem die Schlüssel passen?"

„Das wüsste ich auch gern", antwortete Liz. „Ich denke, wir sollten einfach durch den Wald gehen. Dort haben wir bis jetzt alle Antworten bekommen, die wir brauchten."

Da sah Moana ihre Freundin plötzlich entsetzt an: Die Schurken waren ihr wieder eingefallen! Die liefen ja noch irgendwo durch den Wald! Liz wusste sofort, woran das Mädchen dachte.

Sie legte ihr die Hand auf die Schulter und sagte: „Mach dir keine Sorgen! Diese Kerle wissen nichts von uns, aber wir wissen von ihnen. Wir werden einfach Augen und Ohren offen halten. Außerdem haben wir doch so viele Freunde im Wald. Wir sind sicher nicht in Gefahr. –

Und wer weiß. Vielleicht haben sie die Suche schon aufgegeben."

Moana war nicht so zuversichtlich, aber was blieb ihnen schon anderes übrig, als weiterzugehen.

So nahm sie Liz' Hand und ging mit ihr wieder in den Wald, immer geradeaus.

Die Schurken

Liz hatte sich geirrt. Die Schurken hatten die Suche noch längst nicht aufgegeben und hatten nichts dergleichen vor. Inzwischen hatten sie den See der Wasserfee erreicht. Dort hatten sie sich niedergelassen. Sie waren völlig in ihren schwarzen Kasten vertieft und hatten keine Ahnung, dass es um sie herum von kleinen und großen Waldgeistern und Elfen nur so wimmelte, die aufgeregt miteinander tuschelten. Sie trauten sich nicht nah an die Eindringlinge heran. Zwar konnten die Kerle die Waldbewohner offensichtlich weder hören noch sehen, aber wenn sie zu nah an den Kasten herankamen, wurde ihnen schwindelig oder übel.

Diesen Kasten konnte man aufklappen. Auf dem unteren Teil waren viele Tasten und in der Mitte war eine runde Scheibe. Auf dem senkrecht stehenden Teil flackerte ein Bild. Aus der Mitte streckte sich ein langer Metallstab in den Himmel. Was war das nur für ein Ding?

Einer der Schurken, der ältere, der mit den dunklen kurzen Haaren und dem runden Bauch, tippte eifrig auf den Tasten herum. Sein Schnauzbart zuckte nervös auf der Oberlippe während er angespannt auf den Bildschirm starrte.

Der andere Schurke saß neben ihm und blickte verdrossen ebenfalls auf den Bildschirm. Er hatte schulterlange blonde Haare, war groß und schmal und sah eigentlich ganz harmlos aus.

„Jetzt sag endlich, was ist los damit? Ist er abgestürzt?" fragte er.
„Ich habe keine Ahnung. Irgendetwas ist komisch, seit wir hier am See sitzen. Guck dir das an! Ich frage mich, woher diese blauen Nebelschwaden kommen, die immer wieder über den Bildschirm wandern. Ich kann gar nichts lesen. Der Empfang scheint gestört zu sein."

„Vielleicht sollten wir uns dann einfach einen besseren Platz suchen", schlug der jüngere vor.

„Ich weiß nicht. Vielleicht kommen wir dem Geheimnis auch immer näher und die Antenne kann so viel Energie nicht genau orten. Möglich, dass der Computer einfach überfordert ist", antwortete der andere verdrießlich.

„Wir können es doch wenigstens versuchen", meinte der Blonde. „Bevor wir hierher an den See kamen, hat der Empfänger eindeutig in westliche Richtung gezeigt. Lass uns doch einfach da weitergehen. Schau, dahinten führt ein Weg in den Wald hinein."

„Na gut. Versuchen wir's. So kommen wir ja doch nicht weiter", grummelte der andere. Sie rappelten sich auf und gingen los. Der Ältere hielt den Kasten geöffnet vor sich. Sie verschwanden im Wald, auf demselben Weg, den am Tag zuvor Liz und Moana eingeschlagen hatten. Keiner von beiden hatte das aufgeregte Treiben um sie herum bemerkt, keiner das schöne Sonnenlicht, das den See und die Bäume drum herum erstrahlen ließ, und sie hatten auch nicht bemerkt, dass sich auf der Mitte des Sees Wellenkreise gebildet hatten, als hätte jemand Steine hinein geworfen.

Sie starrten nur auf ihren Kasten, als wären dort alle Antworten zu finden. Tatsächlich wurde das Bild wieder klarer je weiter sie sich vom See entfernten.

Ein gutes Stück waren sie schon gegangen als der Kasten plötzlich piepende Geräusche von sich gab. „Oh nein, was ist denn jetzt los!" rief der Blonde.

„Das ist zur Abwechslung mal ein gutes Zeichen", antwortete der Ältere grinsend. Aufmerksam ließ er die Antenne nach links schwenken. Das Piepen wurde langsamer. Dann schwenkte er die Antenne nach rechts.

Das Piepen wurde schneller. „Aha! Interessant!" murmelte er in seinen Schnauzbart. „Mensch, jetzt sag schon, was los ist", drängte sein Kumpan.

Der andere grinste. „Ich habe mir etwas ganz schlaues einfallen lassen. Ich habe den Computer so programmiert, dass er ein Signal gibt, sobald er etwas empfängt, was uns weiter helfen kann."

„Das soll funktionieren?" fragte der andere zweifelnd und sah sich um. „Ich kann nichts weiter entdecken."

„Du bist ja auch ein Blindhuhn! Wozu haben wir den Computer. Er wird uns schon zeigen, was er meint." Langsam ging der Mann in die Richtung, die ihm das Piepen wies. Es piepte immer hektischer. Dann wurde es plötzlich wieder langsamer. Er ging ein kleines Stück rückwärts und hielt die Antenne zum Boden gerichtet. Das Piepen wurde schneller. Beide sahen sich um.

„Alles, was ich sehe, ist ein dicker schwarzer Käfer", sagte der Blonde. Der Mann mit dem Kasten hielt die Antenne auf den Käfer gerichtet. Da ertönte ein anhaltender hoher Fiepton.

„Das ist es", stellte der Ältere fest, selbst erstaunt, dass der Computer einen Käfer aufgestöbert hatte. „Heb ihn auf!" befahl er dem Blonden. Der bückte sich zu dem Käfer.

Der Käfer stemmte sich gerade mit aller Kraft gegen einen Erdbrocken und brummte laut dabei. Dabei fiel er immer wieder um und musste sich mühsam wieder aufrappeln. Kaum war er auf den Beinen stemmte er sich wieder gegen den Erdbrocken.

„Schau dir den kleinen dummen Kerl an", sagte er lächelnd. „Der versucht doch tatsächlich, diesen fetten Erdklumpen vor sich her zu schieben. Ein bisschen größenwahnsinnig, wenn du mich fragst."

„Dich fragt aber keiner", fuhr ihn der andere ungeduldig an. „Heb endlich dieses Insekt auf und leg es hier auf die Scheibe." Der Blonde tat wie ihm geheißen und griff nach dem Käfer, der wie wild anfing in der Hand zu zappeln und noch lauter zu brummen.

„He, nicht so hastig", sagte der Blonde und setzte ihn vorsichtig auf die Scheibe. Dort abgesetzt lief der Käfer wie irre im Kreis herum und brummte und brummte. Die beiden Schurken sahen dem Käfer eine Weile ratlos zu.

„Und wenn du mir jetzt noch sagst, wie dieser dicke Käfer uns zum Geheimnis des Lebens führen soll….", sagte der Blonde mit ironischem Unterton.

„Vielleicht will er uns sagen, dass wir immer im Kreise laufen." Der Ältere wurde ärgerlich. Er wollte nicht glauben, dass sein Computer einen Fehler gemacht hatte.

„Los, schalt mal das Dekodierungsmikro ein!"

„Das, bitte, was?"

„Mann, das Dekodierungsmikro. Es übersetzt Geräusche in verständliche Töne", erklärte der Ältere gereizt.

„Willst du mir vielleicht jetzt noch weismachen, dass dein Computer das Brummen eine Käfers in verständliche Sprache übersetzen kann?" Er lachte laut auf. Aber das Lachen verging ihm schnell. Der Mann mit dem Schnauzbart hatte den roten Knopf auf der rechten Seite seiner Tastatur inzwischen selbst gedrückt und damit das Mikro eingeschaltet.

Einen Moment ertönte das Brummen des Käfers nur noch lauter. Dann knisterte es und plötzlich ertönten brummende, aber verständliche Töne in menschlicher Sprache.

„Was macht ihr mit mir! Lasst mich sofort wieder runter! So eine Frechheit! Ihr Monster! Geht weg! Was habt ihr hier überhaupt zu suchen?!" brummte der Käfer.

Sprachlos starrte der blonde junge Mann den Käfer an. Natürlich hatte er noch nie einen Käfer sprechen hören und traute seinen Ohren nicht. Der andere dagegen nickte zufrieden.

„Na also. Klappt doch", sagte er und richtete sich an den Käfer: „So, Kleiner, jetzt erzähl uns mal, wo ihr das Geheimnis des Lebens versteckt habt."

„Wer ist ihr? Bin ich vielleicht ihr? Ich habe gar nichts versteckt. Lasst mich endlich runter!" wetterte der Käfer.

„Mach keine Zicken! Du weißt ganz genau, wovon ich rede", fuhr der Mann ungeduldig fort. Schließlich hätte sein Computer den Käfer bestimmt nicht angepeilt, wenn der nicht etwas wüsste.

„Schrei mich nicht so an, was fällt dir ein! Ich hab nichts versteckt. Ich will zurück an meine Arbeit. Geheimnisse interessieren mich nicht." Der Käfer fiel vor Aufregung fast auf den Rücken, so schnell raste er auf der Scheibe im Kreis herum.

„Wenn du jetzt nicht gleich damit herausrückst, verwandele ich dich in eine Flunder. Dann hat sich das mit der Arbeit sowieso erledigt." sagte der Mann bedrohlich.

Der Käfer, den diese Drohung wenig zu beeindrucken schien, empörte sich noch mehr: „Jetzt reicht es mir aber. Warum lasst ihr friedliche Waldbewohner nicht einfach ihre Arbeit tun. Ihr Nichtsnutze. Ihr habt hier gar nichts zu suchen. In letzter Zeit wimmelt es hier nur so von diesem Menschengesocks. Und alle faseln nur noch von Geheimnissen. Lasst mich gefälligst damit in Ruhe. Ich will nichts damit zu tun haben."

„He, was soll das denn heißen, hier wimmelt es von Menschen?" fragte der Blonde überrascht. Er hatte sich langsam an den Gedanken gewöhnt, dass man sich mit diesem Käfer unterhalten konnte.

Der Käfer gab ärgerlich Antwort: „Gestern, da waren diese zwei Menschen hier, ein großer und ein kleiner. Die wollten mich auch bei der Arbeit stören, aber ich habe ihnen ordentlich meine Meinung gesagt. Diese Nichtsnutze. Stöbern hier herum und suchen irgendwelche albernen Schlüssel."

„Schlüssel? Was für Schlüssel?" Der Mann mit dem Schnauzbart horchte gespannt auf und beugte sich tiefer zu dem Käfer hin, damit ihm nichts entging.

„Was weiß ich. Wisst ihr Dummköpfe nicht, was ein Schlüssel ist? Schlüssel eben."

„Wozu sollen denn diese Schlüssel gut sein?" fragte der Blonde weiter.

Aber der Käfer hatte langsam genug von der Fragerei. Er drehte sich um und rannte in die andere Richtung, weiter im Kreis, und brummte nur noch wütend vor sich hin.

Der ältere Mann wollte ihm wieder drohen, aber der Blonde gab ihm ein Zeichen still zu sein. Mit Drohungen kam man hier nicht weiter.

„O.K., Kleiner, wir lassen dich sofort wieder an deine Arbeit. Aber sag uns wenigstens noch, was das für Schlüssel sind und wo wir die anderen Menschen finden."

„Was weiß denn ich. Sehe ich vielleicht aus wie ein Auskunftsbüro? Mir sagt sowieso keiner was. Den Weg da sind sie weiter gegangen. Die Schlüssel wollten sie finden. Die Schlüssel zum Geheimnis. Kapiert ihr denn gar nichts."

„Ach, man braucht die Schlüssel, um zum Geheimnis des Lebens zu gelangen?"

„Was hast du denn gedacht? Oder siehst du hier sonst noch irgendwie Türen zum Aufsperren?"

„Weißt du, wo der Ort ist, für den man die Schlüssel braucht?" fragte der Blonde weiter.

„Nein, keine Ahnung. Lasst mich jetzt endlich in Ruhe. Diese Fragerei macht einen ja ganz wuschig. Womit habe ich das verdient! Warum müssen immer mir diese Menschen begegnen." Grummelnd zog er weiter seine Kreise, aber er wurde langsamer. Er war von den vielen Umdrehungen auf der Scheibe verwirrt.

Der Mann mit dem Schnauzbart hatte jetzt genug gehört. Er wollte den dicken Käfer unsanft zu Boden befördern, aber der Blonde hielt ihn davon ab. „He, pass doch auf. Der bricht sich sonst noch die Beine."

Er nahm den Käfer vorsichtig in die Hand und setzte ihn behutsam unten ab. Kaum fühlte er Boden unter seinen Füssen, raste der Käfer los und verschwand im Unterholz.

Der Blonde sah ihm nach und der andere machte sich über ihn

lustig: „Guck an. Schließt du jetzt schon Freundschaft mit Ungeziefer?"

„Was heißt hier Ungeziefer? Der konnte doch richtig sprechen." erwiderte der Blonde, immer noch überrascht.

„Ja, aber viel Gescheites ist nicht dabei herausgekommen."

„Na, wie würdest du dich fühlen, wenn plötzlich zwei Riesen kämen und dich fort trügen..."

„Darüber mache ich mir normalerweise wenig Sorgen. So etwas passiert mir nicht sehr oft", antwortete der ältere. Er blickte den Weg entlang und fuhr fort: „Wie es aussieht, müssen wir diese Schlüssel finden."

Dieser Gedanke lenkte den jungen Mann von dem Käfer ab. „Ich frage mich, wer die anderen sind, von denen der Käfer gesprochen hat. Was machen wir, wenn die die Schlüssel und das Geheimnis schon gefunden haben? Dann können wir das Ganze abhaken."

„Nichts wird abgehakt. Noch ist nicht aller Tage Abend. Ich mache mir doch nicht die ganze Arbeit, um dann irgendwelchen anderen das Feld zu überlassen."

„Was hast du denn vor?" fragte der Blonde.

„Alles, was wir brauchen, sind diese Schlüssel. Und unser Freund hier", dabei klopfte er auf den Kasten, „macht den Rest. Verlass dich darauf. Wir werden es schon finden."

„Was denkst du, wie sieht das Geheimnis aus? Weißt du eigentlich genau, wonach du suchst?"

„Nein, genau weiß ich es nicht. Wahrscheinlich ist es ein altes Buch oder so etwas. Sicher ein dicker alter Schinken. Ist mir auch egal. Hauptsache es ist nicht zu groß, um es hier wegzuschaffen. Geld soll es uns bringen. Viel Geld. Darum geht es doch."

Der blonde junge Mann schwieg. Klar, sie waren gekommen, um dieses Geheimnis zu finden, von dem sie gehört hatten, und damit viel Geld zu machen. Geheimnisse verkauften sich immer gut. Aber was es damit auf sich hatte, würde er auch gern herausfinden.

Was er nicht ahnte war, dass sie von einer kleinen Elfe beobachtet worden waren, die mit wachsendem Entsetzen die Unterhaltung der beiden Männer mit dem Käfer mitbekommen hatte.

Kaum hatten sie den Käfer frei gelassen, lief sie voraus und sprang mit gewandten, leichten Schritten durch den Wald, um ihre Freunde zu warnen.

Die Versammlung der Waldbewohner

Lilu lief so schnell sie konnte durch den Wald. Die Waldgeister wiesen ihr den Weg. Sie wussten immer, wo sich die beiden Freundinnen aufhielten und so hatte Lilu erfahren, dass sie Lichterloh und Vater Wind schon begegnet und nun im Besitz aller vier Schlüssel waren. Es herrschte aber auch große Aufregung im Wald.

Die Schurken wussten nun von den Schlüsseln, weil der kleine griesgrämige Käfer es ihnen verraten hatte ohne zu ahnen, was er damit angerichtete. Die Kerle würden ihre Suche nach dem Geheimnis des Lebens jetzt nicht so schnell aufgeben. Und sie waren Liz und Mona auf der Spur. Was würde passieren, wenn sie die Freunde fanden? Bei dem Gedanken wurde Lilu angst und bange.

Inzwischen hatte sie die Wasserstelle erreicht und sah sich um. Ja, ihre Freunde waren hier gewesen. Sie erkannte an den Spuren, dass sie ein Bad genommen und schließlich den Weg, der nach Westen führte, gefolgt waren. Die kleine Elfe musste noch ein gutes Stück laufen, bis sie die beiden endlich erblickte. Sie rief ihnen schon von weitem zu.

Liz und Moana drehten sich augenblicklich um und strahlten Lilu entgegen als sie die Elfe sahen. Moana kam gleich auf sie zu gerannt. Wie sehr sie sich freute und wie erleichtert sie war, dass Lilu wieder da war! Doch das Lächeln erstarb auf ihrem Gesicht als Lilu ihr erzählte, was sie beobachtet hatte. Sogar Liz runzelte besorgt die Stirn, während sie der Elfe zuhörte.

„Was machen wir denn jetzt bloß?" fragte Moana ängstlich.

Lilu blickte die beiden ratlos an. Liz überlegte. Doch bevor sie zu einer Lösung kamen, ertönte plötzlich eine zauberhafte Flötenmelodie. Alle drei wussten sofort, wer da spielte. Wie aus einem Mund riefen sie: "Pan!"

Lilus Miene heiterte sofort sichtlich auf. Sie lauschte einen Moment, dann sagte sie: „Er ruft uns alle zu einer Versammlung am See der Wasserfee. Kommt, lasst uns gehen! Schnell! Bestimmt weiß er einen Rat."

„Wir können nicht den gleichen Weg zurück nehmen. Dann laufen wir doch genau den Kerlen in die Arme", gab Liz zu bedenken.

„Nein, nein, das müssen wir nicht. Ich weiß einen anderen Weg. Der ist auch kürzer. Kommt, folgt mir!"

Und so führte die Elfe Moana und Liz auf unsichtbaren Pfaden quer durch den Wald. Es fiel den beiden nicht leicht, der gewandten Elfe zu folgen, die sich leichtfüßig und geschickt über alle Hindernisse hinweg bewegte. Moana war das Laufen durch Unterholz nicht gewöhnt und stolperte immer wieder über Wurzeln und Äste, die auf dem Boden lagen. Auch Liz hatte Mühe hinterher zu kommen.

„Macht doch nicht so einen Lärm!" ermahnte die Elfe sie schließlich. „Sonst halten sie uns noch für eine Elefantenherde. Vielleicht können uns die Schurken hören."

Wer weiß, was diese komische Maschine, die sie bei sich hatten, alles konnte. Sogar das Brummen des Käfers konnten sie verstehen, erinnerte sich Lilu. So bemühten sie sich leiser und vorsichtiger zu gehen. Aber so kamen sie noch langsamer vorwärts.

Sie begegneten anderen Elfen und Waldgeistern, die auch auf dem Weg zum See waren. Diesmal war es kein fröhliches Treiben wie bei ihrer ersten Begegnung mit den Waldbewohnern. Die meisten huschten schweigend an ihnen vorbei und grüßten nur kurz mit ernsten Gesichtern. Doch die Aufregung lag deutlich in der Luft. Man konnte sie förmlich in der Luft prickeln fühlen.

Das Eindringen der Schurken ging sie schließlich alle an. Wenn das Geheimnis des Lebens in unverantwortliche Hände fiel, war es vielleicht um das Leben im Wunderwald bald ganz und gar geschehen. Sie mussten sich unbedingt beraten und überlegen, was zu tun sei.

Als sie am See ankamen, wimmelte es auf der Wiese schon von kleinen, winzigen und größeren Gestalten. Wie beim ersten Mal war Moana sprachlos beim Anblick all der vielen unterschiedlichen Wesen, die hier versammelt waren. Ein leises Summen lag in der Luft von dem Getuschel, Gesumme und Gebrumme der Waldwesen. Pan stand in der Mitte der Wiese und spielte immer noch auf seiner Flöte. Wie verzaubert standen Liz und Moana und lauschten und beobachteten.

Es waren sogar noch viel mehr Waldwesen da als ihnen am ersten Tag begegnet waren. Da entdeckte Moana einen alten Bekannten: Odelin saß mit anderen Erdelingen am anderen Ende der Wiese. Er hatte Moana und Liz erblickt und winkte zu ihnen herüber. Die beiden winkten erfreut zurück.

Plötzlich hörten sie den lauten vertrauten Schrei eines Vogels und blickten zum Himmel. Der Phönix. Er segelte anmutig über der Wiese und ließ sich schließlich in der Krone einer alten Linde nieder. Sein strahlend gelb rotes Gefieder leuchtete prächtig.

Als Moana ihn beobachtete, fiel ihr auf, dass die Bäume im Wind rauschten. „Vater Wind ist auch gekommen", stellte sie fest.

„Dann fehlt wohl nur noch die Wasserfee", erwiderte Liz.

„Nein, Lichterloh ist auch noch nicht da", sagte Moana.

„Ich glaube auch nicht, dass der Geist des Feuers in den Wald kommt", gab Liz zu bedenken. „Das ist viel zu gefährlich." Daran hatte Moana nicht gedacht. Stimmt. Ein Feuergeist hielt sich besser vom Walde fern. Aber der Phönix war ja da.

Endlich tauchte auch die Wasserfee aus dem See auf und dann waren wirklich alle versammelt. Pan hörte auf zu spielen und sah sich um. Alle waren verstummt und warteten gespannt, was der Herr des Waldes zu sagen hatte.

Angespannte Stille lag über der Versammlung und schließlich begann Pan mit tiefer ruhiger Stimme zu sprechen: „Meine Freunde, ihr alle habt gehört, dass ungebetene Gäste in unseren Wald gekommen sind. Sie haben sich Zugang mit einem Gerät verschafft, das Kraftfelder aufspüren kann. Dieser Wald ist ein einziges großes Kraftfeld. So konnten sie uns leicht finden. Doch nun wollen sie auch noch das Geheimnis des Lebens stehlen. Das wird ihnen natürlich nicht gelingen, aber wir müssen dafür sorgen, dass sie hier keinen Schaden anrichten."

Ein aufgeregter Waldgeist stand auf und fragte: „Sie können es vielleicht nicht stehlen, aber können sie nicht den Geheimen Ort finden?"

„Möglich, dass sie ihn finden, aber auch das wird ihnen nichts nützen. Sie werden hier nichts finden, was sie einfach mitnehmen können. Jedenfalls nicht auf die Art, wie sie es sich vorstellen."

„Und wenn sie die Schlüssel in die Hand bekommen?" fragte ein anderer.

„Auch das wird ihnen nichts nützen", antwortete Pan gelassen. „Trotzdem müssen wir dafür sorgen, dass sie den Wald verlassen. Doch vorher werden wir ihnen eine Lehre erteilen."

Das Summen über der Wiese wurde lauter. Aufgeregte Stimmen wisperten durcheinander. Moana sah Liz erstaunt an. Pan wollte den

Schurken eine Lehre erteilen?

Immerhin fand sie es beruhigend, dass Pan die Anwesenheit der Schurken im Wald überhaupt nicht zu irritieren schien. Sie atmete hörbar auf. Liz legte ihr die Hand auf die Schulter und lächelte. Auch sie war froh, dass sie sich hier alle versammelt hatten, um das Problem gemeinsam zu lösen.

Schließlich wurde es wieder still auf der Wiese. Pan schien ihn sich versunken, die Wasserfee wirbelte als blaue Wolke über den See und das Rauschen in den Baumkronen wurde lauter. Die Waldbewohner warteten andächtig und keiner wagte zu reden. Moana rutschte unruhig auf ihrem Platz hin und her.

Nach einer Weile hielt sie es nicht mehr aus und beugte sich zu Lilu hinüber, die neben ihr saß. Leise flüsterte sie ihr ins Ohr: „Was passiert denn jetzt?"

Lilu antwortete ebenso leise: „Sie beraten sich." – „Wer?" – „Pan, der Wind, Lichterloh und die Fee."

„Aber ich höre gar nichts. Und wo ist Lichterloh?"

„Sie sprechen auch nicht. Sie unterhalten sich in Gedanken. Gedanken reichen weit. Lichterloh muss nicht selbst hier sein, um an der Versammlung teilzunehmen."

Moana sah die Elfe erstaunt an. Inzwischen hatte sie so viel Neues erfahren, dass sie an den Worten der Elfe nicht mehr zweifelte. Aber diese Sache mit dem Gedanken lesen kam ihr immer noch komisch vor. Und es war ihr unheimlich. Gedanken waren doch im Kopf. Wie konnten andere sie hören, ohne dass man sprach?

Sie dachte immer, wenigstens die Gedanken gehörten ihr allein. Aber wenn andere sie verstehen konnten, konnte man ja nicht mal mehr in Ruhe denken, was man wollte.

Sie stellte sich vor, was passieren würde, wenn ihre Lehrerin fähig wäre, ihre Gedanken zu lesen, - und dann war sie heilfroh, dass das in ihrer Welt nicht möglich war.

„Kannst du verstehen, was sie denken?" fragte Moana die Elfe schließlich.

„Nicht genau. Es geht zu schnell. Ich verstehe nur ungefähr, worum es geht", antwortete die Elfe als sei Gedanken lesen reine Übungssache, wie das Lernen einer neuen Sprache.

Da hob Pan den Kopf und blickte über die Wiese. Sein Blick streifte über die Versammlung. Der Phönix in der Linde reckte seinen Hals, hob den Schnabel in den Himmel und stieß einen lauten Schrei aus, der Moana durch Mark und Bein ging.

Pan begann zu sprechen. „Es ist beschlossen. Ihr wisst alle, was ihr zu tun habt", sagte er, und ließ seinen Blick noch einmal lange in der Runde schweifen, als würde er jedem einzelnen nur durch seine Augen eine Aufgabe erteilen. Die Waldbewohner sahen ihn alle aufmerksam an und nickten schließlich, als wüssten sie genau, was Pan meinte.

Schließlich blieb sein Blick auf Lilu haften. Die Elfe erwiderte den Blick mit offenen wissenden Augen. Dann nickte auch sie und erhob sich. Moana sah Liz an und die zuckte mit den Schultern. Sie hatte auch nicht verstanden, was da vor sich ging. Die Waldbewohner fingen an zu tuscheln, erhoben sich und verstreuten sich in alle Richtungen.

Liz wandte sich an Lilu: „Kannst du uns verraten, was hier passiert und wie es jetzt weitergeht?"

„Ja, wir haben eine wichtige Aufgabe bekommen. Wir sollen dafür sorgen, dass die Schurken die Schlüssel in die Hände bekommen."

„Was?" riefen Moana und Liz gleichzeitig. Sie trauten ihren Ohren nicht.

„Ja, sie sollen die Schlüssel bekommen und einsehen, dass sie auf dem Holzweg sind."

„Na, das musst du uns genauer erklären", sagte Liz gespannt.

„Ich erkläre es euch auf dem Weg zum Geheimen Ort", antwortete die Elfe.

„Was ist der Geheime Ort?" fragte Moana.

„Der Ort, wo das Geheimnis des Lebens versteckt ist", antwortete Lilu.

„Weißt du denn, wo der ist?" fragte Moana weiter.

„Ja, so ungefähr. Außerdem wird der Phönix uns begleiten", erwiderte Lilu. Sie blickte auf und sah sich nach dem Vogel um. Da kam er schon angesegelt und flog über ihnen Richtung Westen.

„Wir müssen ihm folgen", sagte die Elfe. Und so machten sie sich zusammen auf den Weg.

Der Diebstahl

Wieder liefen die Freunde quer durch den Wald. Doch auf dem Weg, den sie jetzt nahmen, gab es kein dichtes Unterholz. Die Bäume standen nicht so dicht bei einander, so dass die drei Freundinnen bequem nebeneinander gehen konnten und gut vorwärts kamen. Der Phönix drehte dicht über den Baumkronen seine Kreise und zeigte ihnen den Weg.

Moana und Liz hörten gespannt zu, wie Lilu ihnen erzählte, was die Waldbewohner beraten hatten. „Wir werden den Schurken den Weg abschneiden und vor ihnen in der Nähe des Geheimen Ortes sein. Die Waldgeister werden dafür sorgen, dass sie uns nicht zuvor kommen", erklärte Lilu.

Moana unterbrach sie: „Aber woher wissen die denn überhaupt, wo dieser Ort ist?" fragte sie.

„Anscheinend können sie das mit ihrem komischen Kasten sehen. Der Geheime Ort hat besonders viel Kraft. Irgendwie können sie das empfangen. Die Waldgeister haben gesagt, dass sie genau auf dem Weg dorthin sind."

„Wir sollen ihnen wirklich die Schlüssel überlassen? Was ist, wenn sie damit Schaden anrichten?" fragte Liz besorgt.

„Das können sie nicht", antwortete Lilu. „Wir werden sie nicht aus den Augen lassen und im Übrigen wird ihnen ihr Vorhaben sowieso nicht gelingen. Sie können das Geheimnis nicht stehlen, weil da nichts ist, was sie einfach mitnehmen können. Das sollen sie ruhig erfahren, dann werden sie den Wald wohl endlich wieder verlassen."

„Und wie sollen sie die Schlüssel in die Hände bekommen?" fragte Liz weiter.

„Wir werden dafür sorgen, dass sie euch finden und die Schlüssel mitnehmen", erklärte die Elfe.

Das gefiel Moana gar nicht. „Und wenn sie uns was tun?" fragte sie ängstlich.

„Hab keine Angst. Ihr habt uns alle in eurer Nähe. Wir passen gut auf euch auf. Es kann nichts passieren. Seht euch doch mal um!"

Moana und Liz blickten sich um. Da fiel ihnen auf, dass es ringsum von kleinen Waldbewohnern wimmelte, die in dieselbe Richtung huschten, wie sie. Manche schwangen sich lautlos von Baum zu Baum, andere schwebten durch die Luft und wieder andere krabbelten und wuselten über Stock und Stein. Viele von ihnen waren so klein und zart, dass sie fast durchsichtig erschienen und sie fügten sich so lautlos in den Wald ein, dass sie schon sehr aufmerksam und genau hinsehen mussten, um sie erkennen.

„Sie alle kommen mit an den Geheimen Ort, um uns beizustehen. Die Schurken können uns ja nicht sehen und werden keinen Verdacht schöpfen. Und wir werden ihnen keinen Grund geben, euch etwas zu tun. Sie wollen ja nur die Schlüssel und wir werden es ihnen leicht machen, sie zu bekommen." Während sie weiter durch den Wald liefen, erklärte Lilu ihnen genau, was sie tun würden.

Schließlich kamen sie an eine kleine Lichtung. Dort waren schon einige Waldbewohner versammelt. Andere liefen in westliche Richtung weiter.

„Wo gehen die hin?" fragte Moana.

„Zum Geheimen Ort", antwortete Lilu. „Aber wir bleiben hier. Die Schurken werden hier bald vorbei kommen. Beeilen wir uns!"

Liz und Moana machten sich an die Arbeit. Sie holten ihre Decken aus den Rucksäcken und bauten sich ein Lager auf der Wiese.

Während dessen war Lilu auf einen Baum geklettert und starrte in die Richtung, aus der die Schurken kommen mussten.

Zur gleichen Zeit irrten die Schurken durch den Wald. „Ich verstehe das nicht!" sagte der eine zum anderen. „Bis vorhin hat uns der Computer eine klare Richtung gezeigt und jetzt geht es plötzlich im Zickzack durch den Wald. Bist du sicher, dass nicht der Akku leer ist oder so was? Ich habe wirklich das Gefühl, wir bewegen uns im Kreis. Guck dir doch den großen Baum da an. An dem sind wir doch eben schon vorbei gekommen."

Der Dunkelhaarige mit dem Schnauzbart starrte immer nur auf seinen Computer und sah von dem Wald wenig. So antwortete er: „Ach, das bildest du dir ein. Hier sieht doch sowieso alles gleich aus. Am Akku liegt es nicht. Der funktioniert einwandfrei."

Dann blickte er auf und sah sich um. Trotzdem — irgendetwas stimmte nicht. Einmal wies der Computer ihnen eine Richtung und dann piepte es, doch es war weit und breit nichts zu sehen. Sie sahen sich genau auf dem Waldboden um. Vielleicht war es ja wieder nur so ein kleines Krabbeltier wie dieser komische Käfer am Morgen. Aber da war nichts. Dann hörte das Piepen plötzlich auf, der Bildschirm zeigte nur ein wildes Flirren, beruhigte sich wieder und zeigte dann wieder in eine andere Richtung.

„Du, Erik, das ist mir wirklich nicht geheuer. Hast du das gerochen? Jedes Mal, wenn es piept, riecht es wie Kiefernzapfen und Tierfell oder so was. Und mir wird ganz komisch. Merkst du nichts davon?" fragte der Blonde.

„Nee, ich kriegt hier nur langsam Kopfschmerzen. Wir sind bestimmt schon ganz nah dran. Es kann nicht mehr weit sein. Vielleicht gibt der Computer deshalb so merkwürdige Signale, weil die Energie immer stärker wird. – Mir reicht es jetzt! Wir haben jetzt schon eine ganze Menge Zeit mit diesen wirren Signalen verloren. Vorher hat der Sender immer ganz klar Westen angezeigt. Ich bin dafür, dass wir uns jetzt einfach westlich halten. Da ist ein Weg, der genau nach Westen führt. Lass uns da lang gehen. Dann werden wir weiter sehen."

Der Blonde war einverstanden. Er wollte diese Sache so schnell wie möglich hinter sich bringen. Je länger sie sich in diesem Wald aufhielten, desto mulmiger wurde ihm, obwohl er sich nicht erklären konnte, woran es lag. Ihm war schon fast übel. Irgendetwas war ihm nicht geheuer, aber Gefahren schien es hier nicht zu geben. Und die Grübelei darüber, was es mit dem Geheimnis des Lebens auf sich haben könnte, machte es auch nicht besser.

Je länger er darüber nachdachte, desto unheimlicher wurde ihm die Geschichte. Vielleicht war es doch keine gute Idee gewesen, hierher zu kommen. Sein Kumpan schien das alles nicht zu rühren. Er war in seinen Computer vertieft und wollte nichts anderes als sein Ziel erreichen. Er nahm sich nicht die Zeit, darüber nachzudenken, was es damit auf sich hatte.

Endlich lichtete sich der Wald und vor ihnen lag eine kleine Lichtung. Aber was war das? Da auf der Wiese lag jemand….

Moana saß auf ihrer Decke und wurde unruhig. Sie wünschte, sie hätten das ganze endlich hinter sich. Sie war zwar froh, dass sie nicht mit Liz allein war, dass all die Waldbewohner und Lilu in ihrer Nähe waren. Manche kleinen Wesen saßen sogar gleich neben ihr im Gras. Aber ob diese Winzlinge ihnen wirklich beistehen konnten, wenn Gefahr drohte? Sie hoffte, dass auch Pan in der Nähe war. Manchmal glaubte sie für Momente den Geruch von Kiefernzapfen und Tierfell wahrzunehmen. Und es beruhigte sie, dass der Phönix nicht weit in einer Baumkrone saß.

Liz hatte die Schlüssel aus ihrem Rucksack gekramt, sie in ein buntes Tuch eingewickelt und sie neben den Rucksack ein paar Schritte von ihnen entfernt in die Wiese gelegt. Die Schurken würden praktisch darüber stolpern, wenn sie sie fanden. Ob sie dumm genug waren, darauf herein zu fallen?

„So, leichter können wir es ihnen nicht machen", sagte Liz und setzte sich auf ihre Decke, die sie gleich neben Moanas ausgebreitet hatte.

Da hörten sie Lilu aufgeregt aus dem Baum rufen: „Schnell, legt euch hin! Sie kommen!"

Moana und Liz taten, wie ihnen geheißen. Moana zog sich ihre Decke über den Kopf und lauschte angestrengt auf jedes Geräusch. Doch das, was sie am lautesten hörte, war ihr eigener Herzschlag. Sie hatte Angst. Da erinnerte sie sich daran, was Vater Wind ihr gezeigt hatte. Sie machte ein paar tiefe Atemzüge und spürte, wie sich ihr Körper langsam entspannte. Während sie auf ihren Atem achtete, verlor sie langsam ihre Angst.

Plötzlich hörte sie zwei Männerstimmen. Wieder fing ihr Herz an zu rasen. Die Schurken waren da! Der Atem wollte ihr wieder stocken und es machte ihr Mühe, ruhig weiter zu atmen, aber es half, als sie sich darauf konzentrierte.

Die Stimmen kamen näher und der eine sagte: „He, sieh mal da, auf der Wiese!" Ein kurzes Schweigen.

Dann antwortete der andere flüsternd, aber doch noch verständlich: „Das müssen die beiden sein, von denen der Käfer geredet hat. Sieht aus, als machen die gerade ein Nickerchen. – Mensch, was Besseres kann uns doch gar nicht passieren! Lass uns nachsehen, wo sie die Schlüssel haben."

Schritte näherten sich vorsichtig. Moana kniff die Augen fest zu und erinnerte sich daran, dass alle ihre Freunde ganz in der Nähe waren. „Wir sind sicher!" wieder holte sie sich immer wieder in

Gedanken. „Wir sind sicher!"

Von dort, wo der Rucksack und das Tuch mit den Schlüsseln lagen, hörte sie ein leises Rascheln. Wie erstarrt lag sie unter ihrer Decke und versuchte ruhig zu bleiben. Sie lauschte in die Richtung, in der ihre Freundin lag. Sie hörte sie laut und tief atmen als würde sie wirklich schlafen.

Dann hörte sie die Schlüssel klappern. Metall auf Metall. Die Schurken hatte sie gefunden! Leises Zischen folgte. Sie konnte die Worte nur Fetzenweise verstehen: „…. das müssen sie sein… - los weg hier … leise … welche Richtung? … da lang…"

Wieder konnte sie leise schleichende Schritte hören, die sich zuerst vorsichtig und dann immer schneller entfernten. Moana atmete leise auf, aber sie wagte noch nicht sich zu bewegen. Auch Liz verhielt sich still. Da spürte Moana plötzlich eine zarte Berührung an ihrer Schulter und zuckte zusammen.

„Keine Angst! Ich bin's", sagte eine vertraute Stimme leise. Moana zog die Decke weg und blickte in die großen grünen Augen der kleinen Elfe.

Lilu war ganz aufgeregt: „Sie sind weg. Schnell, beeilt euch! Wir müssen hinterher. Leise! Sie dürfen uns nicht hören." Das hätte sie Moana nicht sagen müssen. Sie wollte selbst gern darauf aufpassen, dass die Schurken sie nicht bemerkten.

Auch Liz hatte nun die Augen aufgeschlagen und sich aufgerichtet. Schnell sprang sie auf und eilte zu ihrem Rucksack. Der Rucksack lag noch da, wenn auch durchwühlt, aber es fehlte nichts. Aber das Tuch und die Schlüssel waren weg. Ärger stieg in ihr hoch. Wie konnte es jemand wagen, einfach in diesen Wald einzudringen und sich zu nehmen, was ihnen nicht gehörte?

Diese Kerle schienen nichts davon zu begreifen, was um sie herum passierte, und doch war es ihnen gelungen, sich Zutritt zu verschaffen und die Schlüssel zu stehlen. Aber so einfach sollten sie nicht davon kommen! Ihre dunklen Augen funkelten zornig in die Richtung, in die die Schurken verschwunden waren.

Moana war Liz nachgegangen, sah den Ärger in ihrem Gesicht und griff nach ihrer Hand. „Liz, wir müssen uns beeilen."

Liz nickte. Ohne ein Wort zu wechseln packten sie ihre Sachen zusammen und machten sich auf den Weg. Über sich hörten sie einen lauten Flügelschlag und blickten auf.

Der Phönix erhob sich aus der Baumkrone, in der er ruhig abgewartet hatte. Moana konnte nicht begreifen, dass die Kerle den farbenprächtigen Vogel nicht gesehen hatten. Waren die denn total blind?

Der Phönix schwebte jetzt über ihnen, lautlos Richtung Westen. Schweigsam folgten sie ihm.

Der Geheime Ort

Die Schurken eilten hastig den Weg entlang. Der Blonde sah sich um. Es war niemand zu sehen.

„Du, Erik, mir kommt das komisch vor. Die haben uns die Schlüssel ja fast vor die Füße gelegt. Meinst du, es sind wirklich die, von denen der Käfer gesprochen hat?"

Der andere grinste: „Klar sind sie das! Guck sie dir doch an! Das sind doch keine normalen Hausschlüssel. Jeder sieht anders aus."

Er hielt das Tuch mit den Schlüsseln in der Hand. Während sie weiter hasteten, wendete er jeden einzelnen in seiner Hand und sah ihn sich genau an.

„Was bedeuten diese Zeichen auf den Schlüsseln?" fragte der Blonde.

„Keine Ahnung. Ich nehme an, sie geben uns einen Hinweis darauf, in welches Schloss sie gehören. Das werden wir ja bald wissen. - Mal sehen, was unser schlauer Computer dazu sagt."

Er legte die Schlüssel auf die Scheibe in der Mitte seines Computers und drückte auf eine Taste. Auf dem Bildschirm erschien das Wort

IDENTIFIKATION.

Der Computer fing an, piepende Geräusche von sich zu geben. Das Piepen wurde schneller, bis ein durchgehender Ton ertönte.

„Siehst du, Mario, was habe ich dir gesagt!" rief Erik triumphierend. Doch dann geschah etwas Merkwürdiges. Der Bildschirm füllte sich mit Zahlen und unzusammenhängenden Worten.

„Was ist denn jetzt los?" - Zahlen und Buchstaben rasten über das Bild, ein Rauschen und Knistern folgte und dann war der Bildschirm schwarz. Erik hämmerte auf den Tasten herum. Nichts geschah.

„Mist! Abgestürzt!" Er nahm die Schlüssel und reichte sie Mario. „Hier, halt mal!" Er schaltete den Computer aus und wieder ein. Nichts. Er drückte auf die Tasten. Keine Reaktion.

„Das darf doch nicht wahr sein!" Er schaltete noch mal aus und wieder ein. Nichts.

Mario wurde blass. Der Kloß in seiner Magengegend wurde noch ein bisschen schwerer. „Mensch, Erik, was jetzt? Wie finden wir den Weg hier wieder raus aus dem Wald ohne den Computer?"

„Jetzt mach dir nicht gleich in die Hosen! Vielleicht beruhigt er sich ja wieder. Aber ich verstehe das nicht. Wieso setzen die Schlüssel das Programm außer Kraft?"

Er seufzte, klappte den Computer zu und steckte ihn in die Tasche, die über seiner Schulter hing.

„Wir haben keine Zeit zu verlieren. Der Ort, den wir suchen, kann nicht mehr weit sein."

Sie eilten weiter. Mario sah sich nervös um. Er hatte das Gefühl beobachtet zu werden, aber weit und breit war niemand zu sehen. Nicht einmal die Vögel hörten sie zwitschern. Ihm wurde das unheimlich. Hier in diesem Wald ging es bestimmt nicht mit rechten Dingen zu. Die Übelkeit machte ihm zu schaffen. Oder war das nur sein schlechtes Gewissen?

Seit sie mit dem Käfer gesprochen hatten, plagten ihn Gewissensbisse. Und jetzt hatten sie den beiden im Wald auch noch die Schlüssel geklaut. Er hatte nur einen kurzen Blick auf die Schlafenden geworfen. Die eine war eine Frau mit dunklen lockigen Haaren und dunklem Teint, die friedlich schlief. Neben ihr hatte sich jemand unter einer Decke verkrochen. Das Bündel darunter sah klein aus. Vielleicht ein Kind. - Wer waren die beiden und was machten sie hier im Wald? Und wie waren sie zu den Schlüsseln gekommen?

Er hätte sie gerne danach gefragt, aber dann hätten sie ihnen wohl kaum freiwillig die Schlüssel abgetreten. Warum hatten sie sie so offen liegen lassen? Wie konnten sie sich in diesem Wald so sicher fühlen und auch noch ein Nickerchen machen? All diese Fragen, auf die er keine Antworten wusste, beunruhigten ihn noch mehr. Erik schien damit keine Probleme zu haben. Er hielt die Schlüssel fest in der Hand und eilte mit entschlossenem Blick den Pfad entlang.

Plötzlich hörten sie Donnergrollen. Sie blickten zum Himmel. Durch die Baumkronen sahen sie dunkle Wolken aufziehen. Die setzten sich vor die tief stehende Sonne und der Wald verdunkelte sich wie auf Knopfdruck. „Auch das noch!" stöhnte Mario. Er hasste Gewitter.

Der Weg wurde unwegsamer. Die Bäume standen dichter beieinander und das aufziehende Gewitter ließ den Wald wahrhaft düster erscheinen. Erik und Mario marschierten immer weiter, doch nichts schien auf einen Ort hinzuweisen, der ja immerhin vier Türen haben sollte. Alles, was sie sahen, waren Bäume und dichtes Buschwerk. Weit und breit keine Menschenseele. Sie wurden langsam nervös.

Mario drängte Erik umzukehren. Es konnte jeden Moment anfangen zu regnen und er wollte auf keinen Fall die Nacht in diesem finsteren Wald verbringen. Schließlich mussten sie ja auch noch den Rückweg finden. Bisher hatten sie sich nur von dem Computer führen lassen und gar nicht darauf geachtet, wohin sie liefen.

Doch vorerst ließ sich Erik nicht beirren. Er wollte nicht aufgeben und marschierte immer weiter und weiter. Mario folgte ihm widerwillig. Nach einer Weile jedoch wurden auch Eriks Schritte kürzer. Vielleicht hatten sie sich doch verirrt?

Der Weg machte Biegungen, die Sonne war hinter den Wolken nicht mehr zu sehen. Vielleicht liefen sie längst nicht mehr Richtung Westen. Blitze erhellten den Himmel für Sekunden. Fast hätten sie doch aufgegeben. Doch dann entdeckten sie etwas. Vor ihnen lichtete sich der Wald. Ein Stück weiter erkannten sie so etwas wie ein Mauerwerk. Hastig rannten sie darauf zu. Es begann zu regnen. Dicke Tropfen pladderten auf das Laub der Bäume.

Als sie näher kamen, sahen sie, dass die Mauer Teil eines großen Bauwerks war. Und erst als sie davor standen, konnten sie erkennen, was es war: Es war eine Pyramide. Sie war aus rechteckigen Steinblöcken errichtet, die stufenförmig aufgeschichtet waren. Die Oberfläche der Steinblöcke war verwittert und an vielen Stellen Moosbewachsen. Efeu rankte sich daran hoch.

Sie gingen einmal um die Pyramide herum. Die vier Seiten waren gleich. In der Mitte jeder Seite befand sich eine Tür aus dickem Holz. Sie hatten schwere schmiedeeiserne Schlösser und über den Türen waren Zeichen eingemeißelt. Es waren die gleichen, die auf den Schlüsseln eingeritzt waren.

„Na, hab ich's nicht gesagt! Die Zeichen zeigen uns, welcher Schlüssel in welches Schloss gehört. - Das werden wir gleich ausprobieren!" sagte Erik.

Inzwischen waren beide triefend nass vom Regen. Mario klapperte mit den Zähnen. - Der Erdschlüssel passte zu dem Schloss der Tür, vor der sie gerade standen. Erik nahm ihn und wollte ihn gerade ins Schloss stecken, als sie in unheimliches Grummeln hörten. Sie hielten inne und lauschten. Plötzlich bebte der Boden unter ihren Füßen.

„Ein Erdbeben! Ein Erdbeben! Lass uns abhauen!" schrie Mario fast hysterisch.

„Spinnst du! So kurz vor dem Ziel geben wir doch nicht auf! Kommt gar nicht in Frage! Hier, nimm die anderen Schlüssel und probier die nächste Tür", befahl Erik. Er selbst steckte fest entschlossen den Schlüssel ins Schloss und drehte ihn herum. Aber die Tür gab keinen Zentimeter nach.

„Vielleicht müssen sie alle vier im Schloss stecken", überlegte Erik. Mario war vor Schreck erstarrt und rührte sich nicht. „Und wenn das Ding einstürzt?" stammelte er.

Das Beben ließ langsam nach, aber der Regen prasselte unaufhörlich weiter auf sie herab. Blitze zuckten über ihren Köpfen, lautes Donnergrollen folgte. Jetzt kam auch noch ein starker Wind auf und zerrte an ihnen.

Der Blonde sah an den Stufen der Pyramide empor, die sich drohend über ihnen auftürmten. Wer wusste schon, wie alt dieses Bauwerk war? Jahrhunderte vielleicht, oder gar Jahrtausende. Vielleicht war es baufällig? Vielleicht hielt es dem Erdbeben nicht stand?

Sein Kumpan ließ ihm keine Zeit für weitere Überlegungen. Er zerrte ihn weiter zur nächsten Tür. Dort passte der Feuerschlüssel. Er steckte ihn ins Schloss, drehte ihn herum und rüttelte an der Tür. Aber auch diese ließ sich nicht öffnen.

So hastete er weiter, um die Ecke der Pyramide, zur nächsten Tür. Dort passte der Wasserschlüssel. Auch diesen Schlüssel konnte er im Schloss drehen, doch auch diese Tür blieb verschlossen. So rannte er zur vierten Tür und drehte den letzten Schlüssel, den Luftschlüssel herum. Auch diese Tür bewegte sich nicht.

„Das kann doch nicht sein!" schrie Erik und stemmte sich mit aller Kraft gegen die Tür. Plötzlich gab die Tür doch nach. Mit lautem Knarren ließ sie sich schwerfällig öffnen. Dahinter war es dunkel.

„Los, gib mir mal die Taschenlampe!" sagte Erik. Mario griff in die große Seitentasche seiner Jacke und holte zwei Taschenlampen heraus. Eine davon reichte er Erik. Mit beiden Lampen leuchteten sie in das Innere der Pyramide. Erik ging einen Schritt hinein. Alles, was sie sahen, war ein kleiner Raum. Er war leer. Doch auf der anderen Seite des Raumes führte ein schmaler Gang weiter in die Pyramide hinein.

„Da geht es weiter!", sagte Erik, schritt vorsichtig aber entschlossen durch den Raum und verschwand schließlich in der Dunkelheit des Ganges. Mario zögerte. Vorsichtig betrat er den kleinen Raum und sah sich um. Er hörte die Schritte des anderen im Gang verhallen, aber er wagte nicht hinterher zu gehen. Er ließ das Licht seiner Taschenlampe an den Wänden entlang gleiten.

Sie waren aus großen, grob gehauenen Steinblöcken gemauert, wie die Außenwand. An der rechten Seite entdeckte er ziemlich weit oben ein vergittertes Fenster. Komisch. Von außen hatten sie gar keine Fenster bemerkt. Vielleicht führte es in einen anderen Raum?

Im selben Augenblick gab es einen lauten Rums. Die Tür war zugefallen. Vor Schreck fiel ihm die Taschenlampe aus der Hand. Das

Licht erlosch.

Es war stockfinster. Verzweifelt bückte er sich und tastete auf dem kalten steinernen Boden nach der Lampe. Er fand sie, drückte auf de Schalter, aber die Lampe blieb dunkel. Sie war kaputt gegangen.

„Oh nein, oh nein! Bitte nicht das noch!" murmelte er vor sich hin. Dann schrie er: „Erik! Erik, komm zurück! Meine Taschenlampe ist kaputt gegangen. Ich sehe nichts mehr!" Er lauschte. Keine Antwort, kein Geräusch, nichts.

Es war so dunkel, dass er nicht die Hand vor seinen Augen sehen konnte. Vorsichtig tastete er sich zur nächsten Wand. Er musste Erik folgen. Allein in dieser Dunkelheit bekam er es noch mehr mit der Angst zu tun. Dort, wo er den Durchgang vermutet hatte, war er nicht. Alles, was er fühlte, war kalte undurchdringliche Steinmauer. Er tastete sich weiter zur nächsten Wand. War dort der Durchgang?

Hatte er in der Dunkelheit beim Suchen der Taschenlampe die Orientierung verloren? Doch auch da war nur Wand. So tastete er sich weiter, von Wand zu Wand, aber da war nichts als Mauer. Kein Durchgang und sogar die Tür, durch die sie gekommen sind, war verschwunden. Panik machte sich in ihm breit. Immer und immer wieder rief er nach Erik, bekam aber keine Antwort.

Er drehte mehrere Runden entlang den Wänden, weil er nicht glauben konnte, dass Tür und Gang nicht mehr vorhanden waren, aber es war zwecklos. Mutterseelen allein befand er sich eingeschlossen in diesem Raum, wie eingemauert. Nach einer Zeit, die im endlos vorkam, ließ er sich verzweifelt auf den Boden sinken und begann, den Kopf in die Hände gestützt, zu weinen.

Erik war dem Gang ins Innere der Pyramide gefolgt. Er kümmerte sich nicht mehr darum, wo der andere geblieben war. Er war zu begierig den Schatz zu finden, nach dem er schon so lange suchte. - Was es auch immer war, er wollte ihn haben. Er wollte endlich reich sein.

Der Gang führte in einen weiteren Raum. Auch dieser Raum war leer. Dort gab es einen weiteren Gang. Erik ging hindurch und gelangte in einen dritten Raum. Da war auch nichts. So tastete er sich vorwärts. Seine Schritte hallten laut. Es gab keinen Lichtschimmer außer dem seiner Taschenlampe. Rundherum umgab ihn Finsternis. Er hörte Marios Schreie nicht, nur seine eigenen Schritte und seinen keuchenden Atem. Er konnte es nicht erwarten endlich den Schatz zu finden. Als er den siebten Raum erreicht hatte, fand er etwas. Auf einem Steinsockel stand eine kleine Truhe. Endlich! Er hatte es gefunden!

Er stürzte sich auf die Truhe. Sie war mit einem großen eisernen Schloss zugesperrt. Er rüttelte daran und entdeckte, dass das Schloss schon ganz verrostet war. Schnell sah er sich in dem Raum um. Auf dem Boden fand er einen großen Stein. Er nahm ihn und schlug damit auf das Schloss ein. Der Schweiß trat ihm auf die Stirn. Er musste oft zuschlagen, bis das Schloss aufsprang. Dann hatte er es endlich geschafft.

Einen Moment hielt er inne. Jetzt war er war am Ziel seiner Träume angelangt. Er hatte seinen Schatz gefunden! Bald würde er ein reicher Mann sein und sich nie wieder Sorgen machen müssen. Was mochte in der Truhe sein? – Vorsichtig entfernte er das Schloss und öffnete den Deckel. Mit der Taschenlampe leuchtete er in die Truhe und darin lag ein sehr großes altes Buch.

Genau wie er vermutet hatte! – Er nahm es heraus und schlug den dicken alten ledernen Einband auf. Die Seiten des Buches waren aus dünnem uraltem Pergament, die eng mit handgeschriebenen Zeichen gefüllt waren.

Erik konnte nicht lesen, was dort stand. Als er begann in dem Buch zu blättern, geschah es: Die dünnen Seiten zerfielen in seiner Hand. Mit wachsendem Entsetzen musste er zusehen, wie die Seiten des Buches, eine nach der anderen, vor seinen Augen zu Staub wurden. Sein großer Traum rieselte ihm durch die Finger und war wertlos geworden. – Da packte ihn die Wut. Er schrie und fluchte und trampelte zornig auf den staubigen Resten des Buches herum. Schließlich übermannte ihn die Verzweiflung und er sackte auf dem Boden zusammen.

Er wusste nicht, wie lange er dort gekauert hatte. Erst als er bemerkte, dass das Licht seiner Taschenlampe immer schwächer wurde, nahm er sich zusammen und richtete sich auf. Er musste die Pyramide verlassen, bevor die Batterie leer war.

Wie benommen tastete er sich beim schwachen Schein der Lampe durch Gänge und Räume. Der Weg erschien ihm endlos, als wäre er in ein Labyrinth geraten. Er konnte den Ausgang nicht finden. Das Licht der Lampe wurde schwächer und schwächer und er bekam es wirklich mit der Angst zu tun. Da erinnerte er sich endlich an seinen Freund.

Wo steckte er? Er hatte ihn vor lauter Gier nach dem Schatz völlig vergessen.

Jetzt rief er seinen Namen: „Mario! Mario!" Keine Antwort. Er lief immer schneller, rannte von Raum zu Raum. Wie viele Räume waren es plötzlich? Alle Räume waren leer. Nirgendwo war eine große Tür zu sehen. Schreckliche Gedanken gingen ihm durch den Kopf. Vielleicht kam er nie mehr aus der Pyramide heraus? Vielleicht würde ihm nie jemand hier zu Hilfe kommen? Hatte er nicht mal gehört, dass es in Pyramiden magische Kräfte gibt und dass sie einen für immer verschlucken können?

In seiner Verzweiflung begann er laut zu bitten und zu flehen: „Ich verspreche, ich werde nie mehr etwas stehlen! Ich verspreche, ich werde nie mehr etwas Unrechtes tun! Aber bitte, bitte, lasst mich hier heraus!" Er wusste nicht, wen er anflehte, aber er wiederholte diesen Satz immer und immer wieder. "Ich verspreche es! Ich verspreche es!"

Da hört er plötzlich ein leises Wimmern. „Mario? Mario, bist du das?" – „Erik? Erik!"

Erik leuchtete mit der Taschenlampe durch den Raum, den er gerade betreten hatte. Er konnte in dem nur noch schwachen Licht eine Gestalt erkennen, die vom Boden aufsprang und auf ihn zu rannte.

Im selben Moment hörten sie ein lautes Knarren. Die große schwere Tür, die eben noch wie vom Erdboden verschluckt gewesen war, war wieder da und öffnete sich langsam wie von Geisterhand und ließ das Tageslicht herein. Ohne zu überlegen rannten Erik und Mario aus der Pyramide. Nur raus!

Sie stürzten in den Wald hinein und rannten davon, als ginge es um ihr Leben.

Das Geheimnis des Lebens

Moana, Lilu und Liz waren den Schurken auf leisen Sohlen bis zur Pyramide gefolgt. Eine Schar Waldgeister hatte sie begleitet. Als sie dort ankamen, hatte es zu regnen begonnen. Sie suchten sich auf einer Anhöhe einen Unterschlupf in einem hohlen Baum, von dem aus sie einen guten Blick auf die Pyramide hatten und trocken blieben. Schweigend beobachteten sie, wie sich die Schurken an den Türen zu schaffen machten. Moana hatte sich die beiden Kerle viel unheimlicher vorgestellt, aber sie sahen eigentlich ganz normal aus.

Der ältere der beiden mit den dunklen Haaren probierte entschlossen alle Schlüssel aus. Der jüngere mit den blonden Haaren stand steif daneben, mit hochgezogenen Schultern und folgte seinem Kumpan nur zögerlich. Sehr gefährlich sah der wirklich nicht aus. Vielmehr schien er Angst zu haben. Jedes Mal, wenn ein Blitz am Himmel zuckte, schrak er zusammen. Als das Beben begann, wollte er sogar weglaufen. Auch Moana suchte erschrocken den Blick ihrer Freundinnen, als der Boden unter ihren Füßen wackelte. Lilu beruhigte sie: „Keine Angst, das ist gleich vorbei."

Schließlich schafften es die Schurken, eine der Türen zu öffnen und verschwanden in der Pyramide. Gespannt warteten die Freundinnen ab, was geschehen würde. Ob es ihnen doch gelingen würde, das Geheimnis zu stehlen? Da schloss sich die Tür plötzlich, wie von Geisterhand. Die Schurken waren eingeschlossen.

Einige Minuten vergingen und nichts geschah. Moana und Liz sahen sich erstaunt an. Was jetzt? Dann bemerkten sie ein kleines Lächeln auf Lilus Gesicht. „Wartet nur ab", sagte sie geheimnisvoll.

Auf einmal öffnete sich die Tür wieder mit einem lauten Knarren und die beiden Schurken stolperten heraus. Ihre Gesichter waren kreidebleich, ihre Augen Panik erfüllt als wäre der Teufel selbst hinter ihnen her. Ohne sich noch einmal umzudrehen rannten sie, von maßloser Angst getrieben, zurück in den Wald. Sie merkten nicht, dass eine Schar Waldbewohner ihnen eilig folgte.

„Das hat geklappt. Die kommen bestimmt nicht noch einmal hierher", sagte Lilu zufrieden und rieb sich die Hände.

„Was geschieht jetzt mit ihnen?" wollte Liz wissen.

„Wir werden dafür sorgen, dass sie auf dem schnellsten Wege den Ausgang finden und von hier verschwinden", entgegnete die kleine Elfe.

Moana fragte sich besorgt, was den beiden Schurken in der Pyramide begegnet war, das sie veranlasst hatte, so überstürzt davon zu rennen. Doch bevor sie diese Frage an Lilu richten konnte, erschien Pan neben ihnen. Er tauchte plötzlich auf, aber diesmal erschrak sie nicht. Im Gegenteil. Sie war froh ihn zu sehen und sog den Geruch von Kiefern, Waldboden und Tierfell, den er mit sich trug, tief ein.

„Was ist denn mit denen passiert?" platzte sie heraus. „Warum sind sie weggelaufen?"

„Sie sind sich selbst begegnet", antwortete Pan.

Sich selbst begegnet? Das verstand Moana nicht. Wie konnte man vor sich selbst so eine Angst bekommen? Bevor sie weiter darüber nachdenken oder weiterfragen konnte, kamen vier kleine Waldelfen auf sie zu gerannt. Jede von ihnen hatte einen der Schlüssel in der Hand. Sie reichten sie Moana und Liz.

„So, jetzt seid ihr dran!" sagte Lilu und strahlte über das ganze Gesicht. Moana zögerte. Sollte sie sich wirklich in die Pyramide wagen? Zweifelnd blickte sie auf die Schlüssel in ihrer Hand und dann auf das alte verwitterte Bauwerk vor ihr.

„Hab Mut! Ihr geht mit unserer Erlaubnis", sagte Pan und sah das Mädchen freundlich an. Moana seufzte.

„Na gut. Lass uns gehen", sagte sie zu Liz. Wenigstens hatte sich das Gewitter verzogen, der Regen aufgehört. Die Wolken rissen auf und machten den Strahlen der Abendsonne Platz. In diesem freundlichen Licht sah die Pyramide längst nicht mehr so düster aus.

Als die beiden darauf zugingen, fragte Moana: „Meinst du, da drin ist was gefährliches?" Sie sah zur Pyramide auf und entdeckte den Phönix, der hoch oben auf saß und aufgeregt mit den Flügeln schlug. Auch Liz blickte auf.

„Nein, glaub ich nicht", antwortete sie, während sie zusahen, wie der Phönix den Hals reckte und einen lauten triumphierenden Schrei ausstieß. Sie hatten nichts Unrechtes getan, die Waldbewohner haben ihnen die Schlüssel zur Pyramide überlassen und sie wollten sich nichts nehmen, was ihnen nicht gegeben wurde. Sicher hatten sie nichts zu befürchten.

Die beiden Freundinnen gingen einmal um die Pyramide herum. Sie betastete die verwitterten Steinblöcke und bewunderten die großen alten Holztüren mit den kunstvoll gearbeiteten Schlössern und den dicken Türknäufe. Sie verglichen die Zeichen über den Türen mit denen auf den Schlüsseln. Abwechselnd steckte eine von ihnen einen Schlüssel ins Schloss und drehte ihn herum.

Als sie bei der vierten Tür angekommen waren, sagte Moana: „Warte, ich muss noch meine Taschenlampe herausholen." Nervös kramte sie in ihrem Rucksack herum, bis sie die Lampe gefunden hatte.

Liz drehte den vierten Schlüssel im Schloss herum. Sie sahen sich an, atmeten tief durch und stemmten sich gemeinsam gegen die schwere Holztür. Langsam und knarrend gab die Tür nach. „Ich glaube, du kannst die Taschenlampe wieder einpacken", stieß Liz erstaunt hervor. Im Inneren der Pyramide war es gar nicht dunkel. Vor ihnen lag ein großer hoher Raum. An den Wänden steckten brennende Fackeln in schmiedeeisernen Haltern und tauchten den Raum in ein warmes Licht.

Vorsichtig traten Moana und Liz ein. Staunend sahen sie sich um. Die Wände des Raumes waren über und über mit Malereien geschmückt, die Menschen, Tiere und Gegenstände darstellten. Es gab so viel zu sehen, dass die beiden sich eine ganze Weile schweigend und bewundernd umsahen.

Moana blieb schließlich vor einer Malerei stehen, die ihr besonders gut gefiel. Dort saß eine Gruppe von Menschen um ein Feuer. Kinder spielten drum herum. Ein Mann schnitzte etwas aus einem Stück Holz, ein anderer hatte eine Trommel zwischen den Knien.

Moana sah sich alles ganz genau an: Die einfachen Kleider, die die Menschen trugen, und die lachenden Gesichter der Kinder. Sie konnte sich genau vorstellen, wie es war, dort am Feuer zu sitzen und ehe sie sich versah, wurde das Bild lebendig. Sie sah das Feuer brennen und hörte es sogar prasseln. Die Menschen wurden lebendig und auf einmal war es, als wäre Moana selbst ein Teil von ihnen.

Der Trommler schlug mit den Händen auf die Trommel und die Leute sangen dazu ein Lied in einer Sprache, die sie nicht kannte. Die Kinder tollten mit einem Hund herum und lachten. Eine Weile beobachtete Moana das friedliche Treiben der Menschen, bis ihr bewusst wurde, wie merkwürdig es war, dass sie sich in dem Bild befand und sie Menschen lebendig geworden waren. In dem Moment, als sie sich verwundert fragte, wie das möglich war, gab es einen Bilderwirbel und mit einem Mal stand sie wieder vor der Malerei.

Verwirrt sah sie sich nach Liz um. Liz stand vor einem Bild an der Wand gegenüber und starrte gebannt darauf. Sie war so konzentriert dabei, dass Moana nicht wagte, sie anzusprechen.

Das Bild, vor dem sie stand, zeigte einen Fischer und ein Kind, die in einem kleinen Boot auf einem See schipperten und eine Angel ins Wasser hielten. Als Liz das Bild entdeckt hatte, erinnerte sie sich daran, wie sie früher mit ihrem Vater fischen gegangen war. Sie versank in dieser Erinnerung und plötzlich wurde - wie bei Moana - das Bild lebendig.

Sie befand sich plötzlich in dem kleinen Boot. Ihr Vater saß schweigend neben ihr und starrte auf den Schwimmer, der auf den Wellen tanzte. Sie konnte das Wasser und die frisch gefangenen Fische riechen, die neben ihr im Boot lagen. Ungläubig sah sie ihren Vater an, der in Wirklichkeit schon vor langer Zeit gestorben war. Wie kam er auf einmal hierher? Mit der Frage verschwand das Erlebnis und sie befand sich wieder im dem Raum vor der Malerei.

Erstaunt sah sie sich um und erblickte Moana, die sie mit großen fragenden Augen ansah. „Ist dein Bild auch lebendig geworden?"

„Ja, wieso? Bei dir auch?" fragte Liz.

„Ja, bei mir auch. Ich war plötzlich bei den Leuten, die da um das Feuer sitzen", erklärte Moana und zeigte auf die Wandmalerei gegenüber.

„Ist ja irre! Wie ist das möglich?" staunte Liz.

„Komm, lass uns weiter gucken. Vielleicht klappt es auch, wenn wir zusammen vor einem Bild stehen", meinte Moana, deren Entdeckungslust erwacht war. Sie gingen weiter und blieben vor einem Bild stehen, das einen Tiger zeigte. Er starrte sie mit gelben Katzenaugen an. Liz wollte weitergehen. Die Vorstellung, dass der Tiger lebendig wurde, war ihr nicht geheuer.

Kaum hatte sie das gedacht, hörte sie ein lautes gefährliches Fauchen. Erschrocken blieb die stehen. Zu ihrem Erstaunen ging Moana ohne Angst langsam auf das Tier zu, das jetzt in Lebensgröße lebendig vor ihnen stand. Moana liebte Wildkatzen. Sie hielt dem Tiger ihre Hand hin und ließ ihn daran schnuppern.

Der Tiger, der auf einmal mehr interessiert als angriffslustig war, näherte sich Moanas Hand vorsichtig und stupste sie mit seiner großen kalten Schnauze. Schließlich ließ sich die große Katze sogar von Moana streicheln und legte sich wonnig schnurrend vor ihre Füße. Liz traute ihren Augen nicht.

Als sie das Kind und den Tiger friedlich nebeneinander sitzen sah und das Tier offenbar keinen Hunger hatte, atmete sie erleichtert auf und entspannte sich. „Guck doch mal, wie lieb der ist!" rief Moana begeistert.

„Na ja, eben hat er ziemlich gefährlich gefaucht", erwiderte Liz zweifelnd.

„Das hat er nur gemacht, weil du Angst vor ihm hattest", antwortete Moana, als wäre es die natürlichste Sache der Welt, mit einem Tiger zu kuscheln.

Nachdenklich sagte Liz: „Ich möchte gern wissen, wie es kommt, dass die Bilder lebendig werden, wenn wir vor ihnen stehen und sie ansehen."

Auch Moana begann darüber nachzudenken und mit einem Mal standen sie wieder vor der Wand und der Tiger wurde wieder zur Malerei. „Ach, schade!" sagte Moana enttäuscht. Sie war so fasziniert von dem schönen weichen Fell des Tigers gewesen. Sie hätte ihn so gern noch länger bei sich gehabt. Im selben Moment kam ihr eine Idee: „Es ist, als würden unsere Gedanken lebendig!"

„Stimmt! Das muss es sein! Als ich vor dem Bild mit dem Fischerboot stand, erinnerte ich mich daran, wie ich früher als Kind mit meinem Vater angeln gefahren bin und dann saß er plötzlich lebendig neben mir im Boot. Alles war wirklich so wie früher", erinnerte sich Liz.

„Ich möchte nur mal wissen, warum sich unsere Gedanken so schnell wieder in Malereien zurück verwandelt haben."

Liz grübelte. „Die Bilder sind lebendig geworden, als wir uns richtig in sie hinein versetzt haben. Und jedes Mal, wenn wir anfingen, darüber nachzudenken, war das Erlebnis vorbei."

„Und was hat das alles mit dem Geheimnis des Lebens zu tun?" fragte Moana.

„Gute Frage", erwiderte Liz. Und so überlegten sie gemeinsam, was sie bis jetzt von den Waldbewohnern erfahren hatten:

Die Bewohner des Wunderwaldes hatten ihnen von der Erde erzählt, aus der das Leben wächst, und die allen Lebewesen die Nahrung gibt, die sie zum Leben brauchen. Moana und Liz sahen, wie wichtig es ist, das, was aus der Erde kommt, mit Liebe und Respekt zu behandeln. Sie erinnerten sich daran, wie prächtig die Pflanzen im Wald gediehen, weil die Waldbewohner sie mit so viel Liebe hüteten.

Die Wasserfee hatte ihnen gezeigt, wie die Kraft des Wassers wirkt, dass es nicht nur den Körper, sondern auch ihr Lebenslicht sauber macht.

Lichterloh hatte sie in das Geheimnis des Feuers eingeweiht. Sie konnten erfahren, wie auch das Feuer ihre Lebenskraft stärkt. Und Vater Wind hatte sie darauf aufmerksam gemacht, wie wichtig es ist, richtig tief zu atmen.

„Alles, was sie uns erzählt haben, hat irgendwie mit Kraft zu tun", überlegte Moana.

„Genau. Und wenn wir all diese Kräfte richtig nutzen, machen sie uns stark", fügte Liz hinzu.

„Aber haben Gedanken denn auch Kraft?" fragte Moana.

Liz dachte einen Augenblick darüber nach. Dann nickte sie. „Klar, *das muss es sein! Gedanken haben auch Kraft!"*

Moana wollte gerade einwenden, dass Gedanken in der Welt, in der sie lebten, nicht so einfach lebendig wurden, wie hier in der Pyramide. Doch sie kam nicht dazu. Kaum hatte Liz den Satz beendet, hörten sie ein Scharren, das Scharren von Stein auf Stein.

Sie blickten sich um und sahen, dass sich eine der Wände langsam zur Seite schob und den Weg zu einem weiteren Raum freigab. Erstaunt sahen sich Liz und Moana an. – Sie gingen vorsichtig auf die Öffnung zu und sahen sich in dem Raum um. Er war ebenfalls von Fackeln erleuchtet.

Die Wände waren nicht bemalt, aber in der Mitte des Raumes stand so etwas wie ein Podest aus Stein. Auf dem Podest stand etwas. Es war rund und glitzerte im Feuerschein der Fackeln.

„Was ist das?" fragte Moana.

„Ich kann es nicht erkennen. Komm, lass uns nachsehen", antwortete Liz. Sie gingen langsam näher und erst als sie direkt davor standen, konnten sie erkennen, was dieses rundliche Etwas war: Es war ein großer Bergkristall, der die Form eines menschlichen Schädels hatte. Er war durchsichtig wie Glas und aus seiner Mitte schien ein kleines oranges Leuchten.

„Das ist ja ein Totenkopf!" stellte Moana überrascht fest. „Ist der aus Glas?" fragte sie. Liz ging fasziniert um das Podest herum und sah sich den Schädel von allen Seiten genau an.

„Nein, das ist kein Glas", erwiderte sie staunend. „Das ist ein Bergkristall. Wow! Ich habe noch nie so einen großen Bergkristall gesehen. Sieht aus, als wäre der Schädel aus einem Stück gemacht. Und wie exakt er gearbeitet ist! Irre! Guck dir das an! Man kann jeden einzelnen Zahn genau erkennen."

Moana war nicht so angetan wie ihre Freundin. Sie fand den Schädel nicht gerade schön, eher ein bisschen unheimlich. Schließlich fragte sie: „Und was jetzt? Was sollen wir damit machen?"

Liz überlegte und antwortete schließlich: „Der Schädel könnte ein Symbol sein, sicher hat es etwas mit Gedanken zu tun, aber was?"

Im Wald waren ihnen immer lebende Wesen begegnet, die ihnen ihre Frage beantwortet hatten, aber wie konnte ihnen der Schädel weiterhelfen? – Moana streckte ihre Hand aus und legte sie auf den Schädel. Er fühlte sich kühl und glatt an.

Eine Weile stand sie so da und starrte ratlos auf den Kopf als plötzlich das Leuchten in dem Schädel heller wurde.

„He, da tut sich was!" rief Liz aus. Moana wollte ihre Hand schnell zurückziehen, aber Liz sagte: „Lass sie da liegen, mal sehen was passiert."

Moana spürte ein zartes Vibrieren und dann ertönte eine klare Stimme: „Seid willkommen! Ihr seid gekommen, um die Geheimnisse des Lebens zu erfahren. Fragt!"

Woher kam die Stimme? Aus dem Schädel? Moana sah sich in dem Raum um. Es war sonst niemand da. „Wer seid Ihr?" fragte Liz.

„Ich heiße Nango. Fragt mich!"

„Warum werden die Gedanken hier lebendig?" platzte Moana heraus.

„Gedanken sind lebendig, weil sie eine große Kraft haben. Sie sind die Quelle eures Lebens."

„Aber da wo wir wohnen, werden Gedanken nicht lebendig" widersprach Moana.

„Das ist nicht richtig. Auch in eurer Welt haben Gedanken Kraft. Eure Gedanken erschaffen euer Leben. Ihr denkt, die Welt ist so wie sie ist und daran kann man nichts ändern. Ihr seht nicht, dass sie ist wie sie ist, weil ihr sie mit euren Gedanken so erschafft."

Moana starrte den Schädel ungläubig an. Gedanken erschaffen ihr Leben? Das konnte sie nicht glauben.

Liz verstand, was er meinte. Aber etwas wollte sie doch genauer wissen:

„Wie kommt es, dass mache Gedanken, die wir haben, sich erfüllen und andere nicht?" Wieder spürte Moana ein leichtes Vibrieren in ihrer Hand als Nango von neuem begann zu sprechen:

„Gedanken sind wie dünne Fäden. Einen dünnen Faden kann man leicht zerreißen. Der ist nicht von großer Bedeutung. Aber wenn ihr einen Gedanken immer wieder denkt, tun sich die dünnen Fäden zusammen und schließlich werden sie zu einem dicken Seil. Ein Seil kann man nicht einfach zerreißen. Und so bekommt ein Gedanke, der immer wieder gedacht wird, Kraft, bis er sich schließlich erfüllt."

Moana widersprach noch einmal: „Ich habe schon hundert Mal gedacht, dass ich mir ein Pferd wünsche, aber ich habe keins bekommen. Der Wunsch ist nicht in Erfüllung gegangen."

„Gedanken arbeiten exakter als ihr euch vorstellen könnt", erwiderte die tiefe Stimme. „Wenn du denkst: ‚Ich wünsche mir ein Pferd' erschaffst du den Wunsch, aber nicht das Pferd. Eure Gedanken bestehen aus Bildern und Worten. Wählt die Bilder und Worte sehr sorgfältig und achtet darauf, was in euren Gedanken passiert. Jeden Tag schießen Tausende von Gedanken durch euren Kopf, von denen ihr nur einen kleinen Teil wirklich bemerkt. Aber auch die Gedanken, die nur schnell vorbei huschen, haben Kraft. Oft seht ihr sie nicht und so passiert es, dass viele Dinge geschehen, ohne dass ihr es wollt.

— Es ist auch wichtig, dass du fest daran glaubst, was du denkst. Wenn du einen Gedanken hast, aber gleichzeitig Zweifel, ob es klappt, nimmt der Zweifel dem Gedanken die Kraft."

Moana überlegte und begann zu verstehen, was Nango meinte. Wenn sie etwas tun wollte und sie war sicher, dass sie es schaffte, dann ging es ganz leicht. Wenn sie aber etwas tun musste und dachte, dass sie das nicht kann oder sogar Angst davor hatte, schaffte sie es oft nicht oder es machte zumindest viel mehr Mühe. Aber bisher war sie nie auf die Idee gekommen, dass sie etwas ändern kann, indem sie ihre Gedanken verändert.

Dann fiel ihr noch etwas ein, was sie fragen wollte: „Warum sind diese beiden Kerle denn bloß so schnell aus der Pyramide gerannt? Hatten sie so eine Angst vor dir?"

Der Schädel gab einen Laut von sich, der sich anhörte wie ein leises Kichern. Seine Stimme klang fast schelmisch als er erwiderte: „Nein, nein, bis zu mir sind sie nicht gekommen. Auch ihre Gedanken sind lebendig geworden. Der eine hatte ein schlechtes Gewissen und große Angst. Er hat befürchtet bestraft zu werden und so hat die Pyramide ihn bestraft. Der andere musste lernen, dass große Gier nichts Gutes bringt. Und tief im Herzen wusste auch er, dass er Unrecht tut. So hat die Pyramide ihn gelehrt, was ein Gewissen ist. Auch er hat seine Lektion gelernt."

Das Licht, das aus dem Schädel leuchtet, wurde kleiner. Noch einmal ertönte Nangos Stimme: „Ich habe euch jetzt gesagt, was ihr wissen wolltet. Das Leben hat noch viele Geheimnisse, die ihr entdecken könnt. Aber denkt immer daran: Sät auch in Gedanken nichts, was ihr in eurem Leben nicht ernten wollt!"

Dann hörte das Vibrieren auf und der Schädel wurde still.

Moana nahm ihre Hand von dem Kristallschädel und sah Liz an.

Ihre Freundin starrte immer noch fasziniert auf den Schädel. Dann blickte sie auf und blickte sprachlos in Moanas große fragende Augen. Auch Moana war so erfüllt von dem, was sie gerade erfahren hatte, dass sie keinen Ton von sich gab. Schließlich nahm Liz einen tiefen Atemzug und sagte: "Ich glaube, ich werde eine Weile brauchen, bis ich das alles verdaut habe."

Moana erwiderte: „Weißt du was? Ich will jetzt nach Hause!" Sie hatte wohl verstanden, was Nango ihr erklärt hatte, aber trotzdem hatte sie das Gefühl, in ihrem Kopf drehte sich alles im Kreis. Sie hatte jetzt genug gehört. Sie wollte raus aus der Pyramide und heimgehen.

„Ja, lass uns gehen", stimmte Liz zu.

Liz und Moana verließen den Raum, in dem Nango auf dem Steinpodest stand. Als sie wieder in dem Raum mit den Wandmalereien standen, schloss sich die Steinwand hinter ihnen wie von Geisterhand und Nango war nicht mehr zu sehen. Nichts wies darauf hin, dass es hinter der Wand noch einen Raum gab, in dem sich ein sprechender Kristallschädel befand. Sie durchquerten den Raum ohne noch einmal vor einer der Malereien stehen zu bleiben. Für heute hatten sie genug erlebt.

Draußen dämmerte es schon. Die Waldbewohner, die sie hierher begleitet hatten, waren verschwunden. Nur Lilu saß geduldig wartend auf einem Stein und lächelte, als ihre Freundinnen aus der Pyramide traten. Sie musste nur einmal in Moanas und Liz Augen schauen, um zu sehen, dass die Beiden das Geheimnis gefunden hatten. Sie sprang auf und lief auf die Beiden zu. „He, ihr leuchtet ja richtig!" rief sie.

„Wir leuchten?" fragte Moana. „Ja, ihr leuchtet! Guck doch selbst!" Sie hielt den beiden ihre Hand hin. Darin lag eine kleine runde in Metall gefasste Scheibe. „Hier! Die Wasserfee lässt euch das geben. Ihr könnt es mitnehmen."

„Wirklich? Wir dürfen die Linse wirklich mitnehmen?" jubelte Moana.

„Ja. So könnt ihr immer sehen, wie eure Lebenskraft aussieht, was euch gut tut und was euch schadet."

Moana nahm die Linse und hielt sie sich gleich vors Auge. Zum ersten Mal sah sie die kleine Elfe durch die Scheibe an. Lilu sah aus wie ein strahlendes hellgrünes Licht und ihr Körper war fast durchsichtig.

Dann wendete sich Moana Liz zu. Ihre Freundin strahlte wirklich. Um ihren Kopf herum leuchtet jetzt ein helles Gelb und auch die anderen Farben in ihrem Licht waren heller und strahlender als zuvor. Schön war das anzusehen.

„Ich glaube, es ist besser, ihr geht, bevor es dunkel wird", gab die kleine Elfe zu bedenken. „Ich zeige euch den Weg nach draußen."

Liz und Moana waren einverstanden. Sie wollten gern zuhause sein, bevor es ganz dunkel wurde.

Sie mussten nicht lange laufen und waren erstaunt, wie schnell Lilu sie zu dem Felsdurchgang geführt hatte, durch den sie gekommen waren. Moana umarmte die Elfe lange und trennte sich nur sehr ungern von ihr.

„Kann ich dich denn wieder besuchen kommen?" fragte sie.

„Na klar, so oft du willst", antwortet Lilu.

„Ich freue mich, wenn du kommst. Wir alle freuen uns. Ihr seid beide immer herzlich willkommen." Dann umarmte sie auch Liz zum Abschied und winkte bis die beiden Freundinnen durch den Felsgang verschwunden waren.

Am anderen Ende des Durchgangs gelangten Liz und Moana in den Teil des Waldes ihrer Welt, die Welt, die ihnen vertraut war, und so machten sie sich auf den Heimweg.

Auf dem Heimweg

Hand in Hand gingen sie den Waldweg entlang, den sie gekommen waren. Eine ganze Weile sprachen sie nicht, weil beide mit all den Eindrücken beschäftigt waren, die sie in den letzen Tagen erlebt hatten. Moana war froh wieder in ihrer Welt zu sein, wo ihr alles vertraut war.

Es war schön gewesen im Wunderwald. Sie hatten so viel erlebt und so viel gelernt. Manchmal war es aber auch unheimlich gewesen. Im Wunderwald war so vieles anders als in ihrer Welt. - Aber kannte sie ihre Welt wirklich? Wenn es stimmte, was ihnen der Kristallschädel gesagt hatte, dann war in der Welt, in der sie lebte, auch nicht alles so, wie sie geglaubt hatte. Liz unterbrach sie in ihren Gedanken und fragte:

„Also, wenn dich jetzt einer nach dem Geheimnis des Lebens fragt, was würdest du ihm erzählen?"

Moana überlegte: „Eigentlich ist es gar nichts Geheimes. Wir haben nur vergessen, wie es geht. - Wir haben nicht nur einen Körper, sondern auch eine Lebenskraft, die wie ein buntes Licht leuchtet, das wir aber nicht mit unseren Augen sehen können. Deshalb haben wir es nicht gewusst. Aber wir können sie fühlen. Wir merken ja, ob wir uns stark oder müde fühlen. Oder fröhlich oder traurig. Manchmal ist die Kraft klein, manchmal groß. Wenn wir den ganzen Tag viel herum gerannt sind oder wenn wir schlechte Laune haben, ist sie klein. Dann müssen wir sie wieder auftanken. Natürlich können wir uns einfach hinlegen und ausruhen, aber wir können die Kraft auch anders wieder stark machen. Die vier Elemente helfen uns dabei. Wir können gesund essen, tief atmen und uns im Wasser oder am Feuer entspannen. Das macht uns wieder stark."

Liz nickte. „Besser hätte ich es auch nicht erklären können." Dann fügte sie hinzu: „Auch unsere Gedanken sind wichtig. Auch die haben Kraft. Wenn wir Gedanken haben, die uns schaden, kostet uns das viel Kraft. Denn unsere Gedanken bestimmen wie wir etwas tun."

„Genau!" unterbrach Moana sie. „Wenn ich etwas tue und denke:

‚Das schaff ich nie!' kann es nicht gehen. Oder zumindest kostet es dann viel mehr Mühe, als wenn ich denke: ‚Klar, das kann ich!"

„Stimmt! Denn dann muss man nicht nur die Aufgabe schaffen, sondern sich auch noch beweisen, dass der Gedanke nicht stimmt. Und das ist oft mühsamer als die Aufgabe selbst", sagte Liz.

Und Moana fügte hinzu: „Oder man schafft es dann wirklich nicht. Dann hat der schlechte Gedanke Recht bekommen."

„Ja, ich glaube, das wichtigste ist, zu verstehen, dass wir uns jederzeit entscheiden können, ob wir dem guten oder dem schlechten Gedanken folgen. Wir haben immer die Wahl."

Moana griff in ihre Hosentasche und tastete nach der Linse, die ihr Lilu gegeben hatte. Es tat gut, die kleine harte Scheibe in der Hand zu halten. So wusste sie wenigstens, dass sie all das, was sie im Wunderwald gesehen hatte, nicht nur geträumt hatte. Und mit Hilfe der Linse konnte sie auch in ihrer Welt herausfinden, ob das alles stimmte, was die Waldbewohner ihr erzählt hatten.

Auf einmal fiel ihr etwas ein: „Du, Liz, haben wir denn jetzt den Wunderwald gerettet, weil wir das Geheimnis des Lebens gefunden haben?"

Liz antwortete nicht gleich. Nachdenklich legte sie die Stirn in Falten. Dann erwiderte sie: „Ich weiß nicht. Ein Stück weit vielleicht schon. Der Wunderwald verschwindet immer mehr, weil in unserer Welt immer mehr kaputt geht. Ich glaube, dass jeder, der mit seiner Welt, in der er lebt, und mit seinem Leben sorgsam umgeht, auch ein Stück vom Wunderwald rettet."

Eine Weile gingen Moana und Liz schweigend nebeneinander her. Beide waren in Gedanken vertieft.

Da hatte Moana plötzlich eine Idee: „Du, wenn es wirklich unsere Gedanken sind, die unser Leben bestimmen - das würde ja bedeuten, dass wir nur sterben, weil wir denken, dass wir sterben müssen", sagte sie aufgeregt.

„Das ist ein interessanter Gedanke", erwiderte Liz nachdenklich.

Und so gingen sie weiter, Hand in Hand, immer geradeaus.

Nachwort

Die Geschichte, die ich euch hier erzählt habe, ist erfunden. Doch vieles in der Geschichte ist wahr. Es ist wahr, dass die vier Elemente Erde, Feuer, Wasser und Luft mit unserem Leben zu tun haben. Alles Leben in unserer Welt besteht in der einen oder anderen Form aus den vier Elementen. Und es stimmt auch, dass uns die vier Elemente neue Kraft geben. Ich habe es ausprobiert. Es stimmt.

Vielleicht habt ihr ja viele von euch auch schon Erfahrungen damit gemacht, und nur noch nicht darüber nachgedacht. Oder doch? – Wenn nicht, könnt ihr es ja mal tun: Ihr könnt euch z.B. in die Badewanne legen, wenn ihr müde seid. Atmet tief durch, wenn ihr nervös seid oder Angst habt. Ihr werdet sehen, es hilft. Oder wenn ihr die Möglichkeit dazu habt, setzt euch an ein Lagerfeuer. Ihr werdet euch danach wohl und entspannt fühlen. Und wer entspannt ist, fühlt sich stark und gerät nicht so leicht in Stress.

Es stimmt auch, dass wir nicht nur einen Körper aus Fleisch und Blut haben. Wir haben auch ein Lebenslicht – oder anders gesagt, einen Körper aus Energie, einen Energiekörper. Dieser Energiekörper besteht tatsächlich aus verschiedenen Farben, die bei jedem Menschen anders aussehen und sich ständig verändern. Der Energiekörper kann stark oder schwach sein. Die vier Elemente und auch die Kraft der eigenen Gedanken können uns tatsächlich helfen, den Energiekörper stark zu halten.

Woher ich das weiß? – Ich habe viele Fotos von Energiekörpern gesehen. Vor vielen Jahren schon hat ein russischer Wissenschaftler namens Kirlian eine Kamera erfunden, mit der man den Energiekörper fotografieren kann. Inzwischen gibt es auch Computer, die den Energiekörper (man nennt ihn auch die Aura) eines Menschen wahrnehmen können.

Es ist spannend zu sehen, wie der eigene Energiekörper aussieht und zu erfahren, was die verschiedenen Farben über dich selbst erzählen. Leider gibt es nicht viele solcher Kameras und Computer und Leute, die sich damit auskennen, aber du kannst dich ja mal umsehen. Vielleicht findest du sie ja irgendwo in deiner Umgebung. Falls dich das

Thema interessiert, gibt es auf jeden Fall Bücher über die Aura des Menschen und über Kirlian-Fotografien. – Das ist überhaupt kein Geheimnis. Es ist nur (noch) nicht sehr bekannt. Wir müssen nichts glauben. Wir können ausprobieren und unsere eigenen Erfahrungen machen. Dann ist Wissen wirklich wertvoll.

Autorenportrait

Ich habe Ethnologie in Berlin studiert und mich in diesem Rahmen viel mit Ethnomedizin beschäftigt. Das Studium vermittelte mir einen völlig neuen Einblick in Bezug auf den Umgang mit Krankheit und Heilung und mein Interesse für alternative Heilverfahren und der „magischen Seite" des Lebens war geweckt. Ich begann zu ahnen, dass es zwischen Himmel und Erde viel mehr gibt, als mir in „meiner Welt" vermittelt wurde. Und so begab ich mich auf Entdeckungsreise.

1996 habe ich durch Leonard Orr Rebirthing kennen gelernt. Seither ist Rebirthing zu einem wichtigen Bestandteil meines Lebens geworden. Für mich ist es nicht nur eine Atemtechnik, sondern auch ein Weg, meine Lebenskraft mit Hilfe der Elemente Feuer, Wasser, Luft und Erde zu stärken und mein Leben mit der Kraft meiner Gedanken bewusster zu gestalten und es in die eigenen Hände zu nehmen.

Meine Tochter begleitet mich seit zehn Jahren auf diesem Weg und hat mir dazu unendlich viele Fragen gestellt. Die Suche nach schöner Kinderliteratur auf diesem Gebiet hat mir viele dieser Fragen nicht beantwortet, so dass ich eines Tages beschloss, selbst ein Buch zu schreiben.

So entstand „Auf der Suche nach dem Geheimnis des Lebens", in dem ich meine eigenen Erfahrungen in eine Geschichte gepackt habe, die auch für Kinder leicht verständlich und spannend zu lesen ist.

Stephanie Maharaj

Kontakt: stmaharaj@web.de

Aus dem weiteren Verlagsprogramm

Rebirthing, Geld und Unsterblichkeit
Schriften vom Begründer der Rebirthingbewegung
Leonard Orr

Leonard Orr ist der Begründer der weltweit bekannten Rebirthingbewegung. Orr gibt in diesem Buch nicht nur darüber Auskunft, welche Schritte dafür erforderlich sind, um ein erfolgreicher Rebirther zu werden. Er berichtet auch über seine vorzeitig erlebten senilen Jahre, Rebirthing mit seinem neu geborenen Sohn Raja und den Weg zur physischen Unsterblichkeit. Das Buch ist eine Fundgrube an lebensbejahenden Gedanken für jeden Rebirther und alle, die einen bewussteren Einstieg in lebensverlängerndes Gedankengut haben möchten.
ISBN 3-929046-14-8, 176 Seiten, Pb, 12,80 €

Heilende Märchen - Märchen, die dein Herz erwärmen und deine Seele heilen
Gudrun Anders

Märchen führen uns in das Land der Phantasie und lassen uns wieder den Teil in uns spüren, der noch Kontakt zur Seele hat. Sie wärmen unser Herz und zeigen uns Wege auch aus scheinbar ausweglosen Situationen, die wir vom Verstand her nicht ohne Weiteres gefunden hätten. Lassen Sie sich von den Märchen in diesem Band in das Abenteuerland ihres eigenen Inneren entführen und beschreiten Sie dadurch den Weg zu Ihrer eigenen Heilung.
ISBN 3-929046-20-2, 232 Seiten, Pb, 15,80 €

Regenbogenkrieger
Thomas Zimmermann

Um die Jahrtausendwende ist Mike Ende dreißig, beruflich erfolgreich, sehr vital und steht auf Männer. Zum perfekten kleinen Glück fehlt nur noch der richtige Partner. Während die Welt überall aus den Fugen gerät und in anderen Dimensionen längst grundlegende Änderungen für den Planeten beschlossen sind, beginnt Mike erst zu ahnen, dass es da noch eine andere Wirklichkeit gibt. Er trifft auf den jugendlichen Anthony und wagt mit ihm einen Neuanfang. Gemeinsam durchleben beide viele Höhen und Tiefen (z.B. eine HIV-Infektion) und erfahren so immer deutlicher die übergeordneten Zusammenhänge ihrer Existenz auf dem Weg in eine völlig neue Welt. Der Regenbogenkrieger entführt den Leser auf eine spannende Zeitreise in unsere unmittelbare Zukunft und liefert ganz nebenbei eine Menge Information über New Age und andere „esoterische" Sichtweisen.
ISBN 3-929046-29-6, 212 Seiten, Pb, 15,50 €

Auf der Suche nach dem geheimen Wort
Ein märchenhafter Roman für Menschen – und Krokodile – ab dem 12. Lebensjahr
Mike Brandt

Dies ist die Geschichte von Anna und Ephraim. Und von ihren Töchtern Lara und Ronja. Und natürlich von Konrad, dem vorlauten Krokodil. Und Jonas, dem Wal, ein bis zwei Feen, dem Nordwind, Georg, dem Ex-Punk, einer Menge fieser Ratten... Und alle zusammen leben sie auf diesem Hof mit dem Fachwerkhaus draußen vor der Stadt. Dieses Stück Land birgt mehr als ein großes Geheimnis... Merkwürdige Figuren und Märchengestalten geben sich immer häufiger ein Stell-Dich-ein. Und als ob das alles noch nicht genügen würde, scheint es, als ob Lara auch mit ein paar Fähigkeiten ausgestattet ist, die Anna und Ephraim sich nur schwerlich erklären können...

ISBN 3-929046-27-x, 140 Seiten, Pb, 15,50 €

Engelgeschichten - Geschichten von Engel, Tieren und Pflanzen – Die Sprache der Natur
Rolf Müller

Der Börsenmakler Rolf Müller hat in diesem Buch wahre Geschichten von Engelerlebnissen zusammen getragen, die auch Sie dazu anregen sollen, einmal das eigene Leben zu überdenken und nachzuforschen, wo und wann Engel auch Ihnen geholfen haben.

ISBN 3-929046-28-8, 132 Seiten, Pb, 12,50 €

Diamantenseele - Die Geschichte einer Einweihung
Sabine Dilger

»Folge dem Ruf deines Herzens, in der Mitte liegt ein Juwel, den bringe mir«, bestimmte das Orakel und eröffnet Nokojo damit das Labyrinth der menschlichen Seele. Nokojo macht sich auf die Suche nach Larijong. Einer alten Legende nach befindet sich dort einen Schatz, der kein gewöhnlicher Schatz ist. Wer ihn findet, wird in das Geheimnis des Lebens eingeweiht. Um jedoch dort hin zu kommen, muss Nokojo das Schattenreich der Menschen durchqueren, eine ungewöhnliche und gefährliche Reise beginnt...

ISBN 3-929046-42-3, 244 Seiten, Pb, 17,80 €

Rebirthing - Die Integration von Körper, Geist und Seele durch bewusstes Atmen
Gudrun Anders

Rebirthing – bewusstes Atmen - ist eine in den 60er Jahren entwickelte Atem- und Bewusstseinsschulung basierend auf den Entdeckungen des Amerikaners Leonard Orr. Rebirthing ist mehr als „nur" atmen: es ist der bewusste und konstruktive Umgang mit uns, unseren Gedanken, Gefühlen und Emotionen – mit unserem ganzen Leben. Dieses Buch macht dich mit allen Grundlagen und den spirituellen Leitgedanken von Rebirthing und der Macht der Gedanken und Gefühle vertraut. Es liefert dir weiterhin eine Vielzahl von Anregungen und Übungen, um deinem Leben eine neue, positive Richtung zu geben. Ein umfassendes Handbuch mit vielen praktischen Beispielen und Übungen.

ISBN 3-929046-16-4, 428 Seiten, Pb, 24,90 €

Der Sankofa-Vogel
Sigrid Güssefeld

Als Cora Painter nach Ghana kommt, erfährt sie von dem grausamen Schicksal des durch Hypnose verwandelten John Miles. Wenig später steht sie ihm leibhaftig gegenüber und beide verlieben sich ineinander. Aber ihr Glück ist nicht von langer Dauer. John wird von Pseudowissenschaftlern als Versuchsobjekt gefangen genommen und schwerst misshandelt. In einem Krankenhaus in Boston werden seine körperlichen Wunden geheilt – aber er ist noch nicht gerettet, denn nun beginnt für ihn der harte Kampf, die Verletzungen seiner Seele zu verarbeiten.
ISBN 3-929046-36-9, 376 Seiten, Pb, 24 €

Die Frage der Königin
Gisela Holz

Diese Märchen berühren die Seele, sie eröffnen nicht nur den Zugang zur Welt der Phantasie, sondern lassen darüber hinaus die Schätze der Menschlichkeit und die Kraft der Liebe wach werden. Der Geist wird belebt, und das Herz in seiner Tiefe berührt. So entstehen die Mysterien des Wunderns. Ein Buch für jung und alt!
ISBN 3-929046-70-9, 88 Seiten, Pb, 8,90 €

Märchen helfen heilen – Ein Märchenarbeitsbuch
Gudrun Anders

Lassen Sie durch das Schreiben eines Märchens Ihr inneres Kind wieder zum Vorschein kommen. Drücken Sie es ganz fest an sich und Sie werden sehen, dass es Ihnen innerhalb kurzer Zeit wesentlich besser geht als jemals zuvor in Ihrem Leben! Selbstgeschriebene Märchen helfen uns, zu unserem innersten Wesenskern zurückzufinden. Dieses Buch bringt uns die Märchensymbolik näher, enthält viele Märchen für große und kleine Kinder und eine ausführliche Anleitung zum Märchenschreiben und zur Märchenanalyse.
ISBN 3-929046-18-0, 208 Seiten, Pb, 12,90 €

Maleika im Tempel der Erleuchtung - Ein Roman für eine neue Zeit
Maren Emmerich

Eines Nachts hat Maleika, ein 15jähriges Mädchen vom Volk der Saramuras einen seltsamen Traum: Schim-Pong, der Wissende ihres Volkes, erscheint ihr in einem Tempel, zu dem er sie ruft. Sie sucht diesen Mann auf, der sie anweist, an einer bestimmten Stelle zu graben. Kurz darauf stirbt er. An besagter Stelle findet Maleika eine Steinplatte, in die eine merkwürdige Botschaft für sie eingeritzt ist. Sie solle den Tempel der Erleuchtung nicht in der Außenwelt, sondern in ihrem Inneren suchen. Viele Jahre versucht Maleika vergeblich den Tempel zu finden, denn sie entschließt sich, den Tempel gegen die Anweisung auf der Steinplatte in der Außenwelt zu suchen. Eine lehrreiche Reise beginnt, die nicht nur Maleika zu den tiefsten Geheimnissen ihrer Existenz führt. Sie trifft auf immer neue Herausforderungen, die ihr neu erworbenes Wissen unter Beweis stellen. Wird Maleika das Geheimnis um den Tempel lösen können?
ISBN 3-929046-50-4, 188 Seiten, Pb, 15 €

Der kleine Geist – Eine kleine Geschichte des Erwachens
Thomas Ach

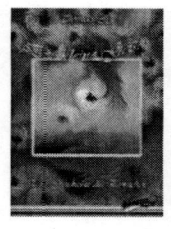

Dies ist die Geschichte einer großen Freundschaft zwischen einem 13 jährigen Jungen und einem kleinen Geist, der vom Himmel auf die Erde kommt und sich über die Menschen wundert. Der Inhalt dieses Buches ist in einer ausdrucksstarken, lebendigen, bildhaften und liebevollen Erzählweise geschrieben und beinhaltet einen äußerst tiefsinnigen geistigen Dialogstil, dass beim Leser Herz und Verstand gleichermaßen mehr als nur berührt werden. Es werden spirituelle, sowie auch philosophische Gedanken auf anrührige und wortreiche Art und Weise sowohl jugendlichen als auch erwachsenen Lesern nähergebracht. Dem Leser dieses Buches entgeht es sicherlich nicht, dass sein Bewusstsein ganz allmählich positiv stimuliert wird und das Erkennen seines eigenen Wesens spürbarer wird.
ISBN 3-929046-65-2, 204 Seiten, Pb, 14,80 €

Das Seelenkarussell - Band I - Vera
Andy Hermann

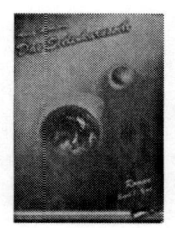

Vera, eine junge erfolgreiche Frau Anfang dreißig, muss feststellen, dass in ihrem Leben etwas fehlt. Ist es der richtige Mann, oder liegt ihr Problem viel tiefer. Erst als sie unter mysteriösen Umständen ermordet wird und sich langsam in der jenseitigen Welt zurechtzufinden beginnt, erkennt sie, dass sie schon oftmals wiedergeboren wurde und ihre Lebensprobleme weit in ihre Vorleben zurückreichen. Alexander, ihr guter Geist, hilft ihr, sich zu erinnern und die dunklen Seiten ihrer Leben zu erhellen. Als sie die Zusammenhänge erkannt hat, erfährt sie, welch wunderbare, bisher verschüttete Fähigkeiten sie eigentlich hat. Als sie eine neue Familie findet, in der sie wiedergeboren werden möchte, muss sie zuerst all diese Fähigkeiten einsetzen, um das Leben ihrer künftigen Eltern zu retten, denn diese werden von einem Menschen bedroht, der seine Entscheidungsfreiheit dazu missbraucht, nur Böses zu tun. Vera steht stellvertretend für viele Menschen, die fühlen, dass unser Leben hier auf Erde nicht alles ist, was es gibt, und dass manches auch ganz anders sein kann, als es unsere Schulweisheit je zu träumen gewagt hat, wie schon Shakespeare gewusst hat.
ISBN 3-929046-64-4, 336 Seiten, PB, 20,90 €

Es war einmal ein Narr – Märchen und Geschichten zum Rider-Tarot
Gudrun Anders

Die Bilder des Tarot sind nicht immer für jedermann leicht verständlich. Die Symbolik von Märchen und Geschichten jedoch versteht jeder. So entführen Sie die Märchen und Geschichten zu den 78 Karten des Rider-Tarots in die Welt der Phantasie, um Ihnen auf diese Weise die Karten näher zu bringen. Lassen Sie sich in die Welt der Phantasie, wo alles möglich ist und für jedes Problem eine Lösung gefunden werden kann, entführen.

ISBN 3-929046-39-3, 296 Seiten, Pb,18,90 €

Feenauge
Ein fantastisches Märchen
Melissa & André Bónya

„Lyena lief mit nachdenklicher Miene durch den Thronsaal ihrer Burg. Sie war sichtlich beunruhigt, um nicht zu sagen aufgebracht, über das, was sie soeben von einem Boten aus dem „Stillen Land" zu hören bekommen hatte. Dort, hinter den Mondbergen, lebte das „Stille Volk" und von dort ereilte nun Königin Lyena der dringende Ruf nach Hilfe. Seltsame, unheimliche Vorkommnisse versetzten das friedliebende Volk seit einiger Zeit in Angst und Schrecken. Dunkle Schatten, geboren aus den Mächten der Finsternis, schienen sich über diesem Volk auszubreiten und ihnen die Seelen zu rauben. Erinnerungen längst vergangener Tage und Schrecknisse begannen sich zu regen und nicht wenige des „Stillen Volkes" befürchteten bereits die Rückkehr des Dämonenfürsten Kaar und seiner Krieger... Begleiten Sie Lyena´s Bruder Arnulf und dessen Gefährten auf einer gefahrvollen und abenteuerlichen Reise und lassen Sie sich in eine Welt voller Geheimnisse und Magie entführen!
ISBN 3-929046-87-3, 300 Seiten, Pb, 18,90 €

In der Zeit - vor der Zeit... als es begann... - Eine Farbreise in die Tiefe des Seins
Irene Schweizer

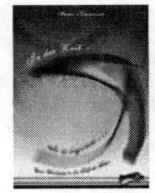

Nehme Deine Gedanken auf den Flügeln Deiner Gefühle mit und erforsche das, was „Du bist". Die Autorin nimmt uns in ihrem Buch mit auf eine innere Farbreise, die uns dazu ermuntert, einmal inne zu halten, nachzuspüren, den inneren Raum zu erkunden, der viel weiter und größer ist, als wir allein aus dem Denken heraus für möglich halten.

ISBN 3-929046-66-0, 72 Seiten, Pb, 8,50 €

Auf unserer Homepage finden Sie weitere Bücher unseres Verlagsprogramms sowie viele Informationen. Sie können auch gern kostenlos unseren Verlagsprospekt bei uns anfordern. Bestellungen für die hier vorgestellten Bücher können direkt über den Verlag vorgenommen werden, aber auch über jede gute Buchhandlung oder via Internet: www.libri.de oder www.bod.de.

spirit Rainbow Verlag
Inh. Gudrun Anders
Forsterstraße 75, 52080 Aachen
Telefon und Fax: 0241 - 70 14 721
E-Mail: rainbowverlag@aol.com
www.spirit-rainbow-verlag.de